BATAILLES

SUR

LA LAUTER, LA SAUER ET LA SARRE

WISSEMBOURG-REICHSOFFEN-FORBACH

ÉTUDE ACCOMPAGNÉE DE CINQ CARTES

PAR

PAUL MARTIN

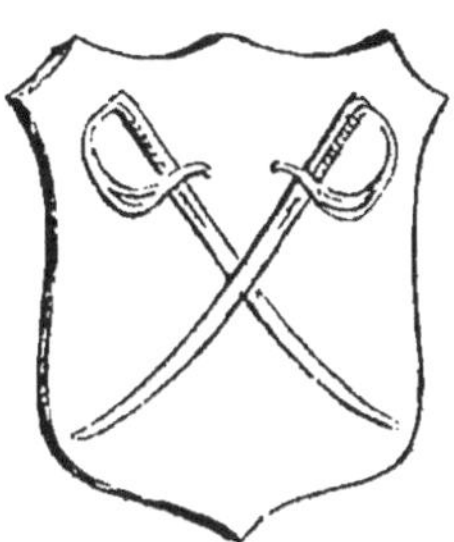

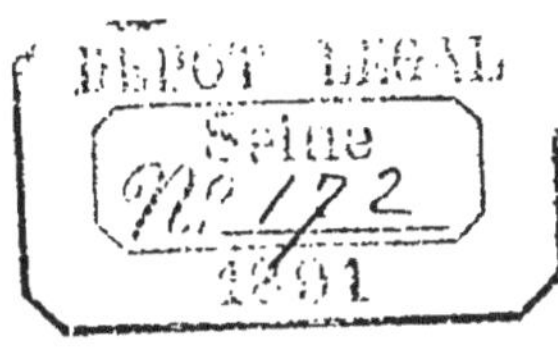

PARIS

ADMINISTRATION DU SPECTATEUR MILITAIRE

15, RUE SAINT-BENOÎT, 15

—

1891

PRÉFACE

Il y a bien des manières d'écrire l'histoire d'une guerre. Mais il y en a deux qui sont plus particulièrement usitées.

L'auteur adresse-t-il son livre aux militaires, aux hommes du métier? Il raconte méthodiquement les opérations, les analyse ensuite, et les juge. C'est la manière scientifique, celle des écrivains militaires.

Celui-ci, au contraire, s'adresse-t-il au public? Il néglige alors une partie des opérations, celles qui précèdent la guerre proprement dite, comme la mobilisation, les marches, la concentration, et s'attache surtout à dépeindre le choc. C'est du choc

BATAILLES

SUR

LA LAUTER, LA SAUER ET LA SARRE

WISSEMBOURG-REICHSOFFEN-FORBACH

ÉTUDE ACCOMPAGNÉE DE CINQ CARTES

PAR

PAUL MARTIN

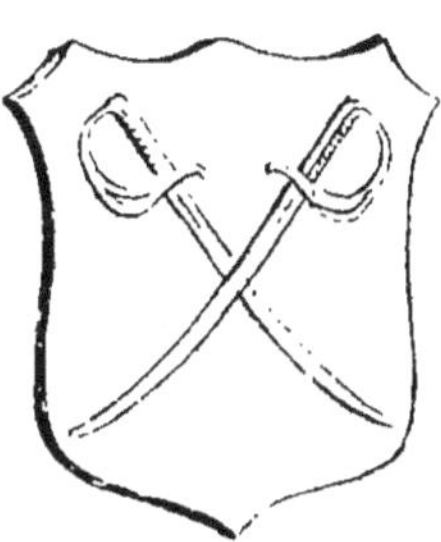

PARIS

ADMINISTRATION DU SPECTATEUR MILITAIRE

15, RUE SAINT-BENOÎT, 15

1891

BATAILLES

LA LAUTER, LA SAUER ET LA SARRE

Lh4
1846.

final, c'est-à-dire de la bataille qu'il tire ses meilleurs effets. On a ainsi la manière des littérateurs.

Mais il n'est pas défendu d'écrire à la fois pour le public et pour les militaires. Aujourd'hui que le service en France est devenu une obligation pour tous, cette troisième manière nous paraît même très rationnelle. N'est-il pas naturel que celui qui demain peut-être sera appelé à porter les armes, possède quelques notions sur la guerre et les armées?

Dans ce cas, l'auteur est tenu de donner aux opérations préliminaires de la guerre, comme aux autres, la place à laquelle elles ont droit dans une étude de ce genre. Seulement il doit se garder d'entrer dans des détails techniques qui, par leur nature même, seraient capables de fatiguer le lecteur. Il doit, en un mot, s'il veut que son livre puisse être lu facilement par tout le monde, s'efforcer d'être clair.

C'est là précisément ce que nous nous sommes proposé en écrivant ce volume. Etre simple, clair et intelligible, pour tous, voilà ce que nous avons voulu avant tout. Y serons-nous parvenu?

Le but que nous poursuivons est si modeste, qu'il n'y aurait évidemment pas grande fatuité de notre part à le croire. Mais cependant, à une question comme celle-là, le lecteur a seul qualité pour répondre. Nous espérons qu'il répondra favorablement.

Paris, le 11 décembre 1890.

PAUL MARTIN,

CAUSES DE LA GUERRE

CHAPITRE PREMIER

|Causes de la guerre.

Candidature du prince Léopold de Hohenzollern au trône d'Espagne.
— Interpellation à ce sujet devant le Corps législatif. — Irrita-
tion du cabinet des Tuileries quand il apprend cette affaire, et
déclaration menaçante de M. le duc de Gramont. — Conséquences
regrettables de celle-ci. — Négociations d'Ems, et renonciation
du prince Antoine, père du candidat. — Le roi Guillaume adhère
à cette renonciation, mais refuse de donner aucune garantie
pour l'avenir. — Par suite, rupture des négociations et rappel
de notre ambassadeur, M. le comte Benedetti. — Séance du
15 juillet au Corps législatif. — Déclaration de guerre. — Napoléon III voulait-il la guerre? — Embarras que l'on éprouve à se
prononcer. — Possibilité d'expliquer le coup de tête du 6 juillet 1870, sans trancher cette question. — Causes nombreuses de
division entre la France et la Prusse. — Traités de 1815 et
antagonisme forcé qui en résultait. — Contre-coup des victoires
d'Italie et de Bohême, en Prusse et en France. — Politique agressive de la Prusse depuis Sadowa. — Voyage de M. de Moltke
en Lorraine et propos tenus par lui au sujet de l'Alsace. —
Signification de cette politique et de ce voyage : la Prusse veut
la guerre.

La cause immédiate de la guerre est connue. Personne n'a oublié encore la candidature du prince de
Hohenzollern à la couronne d'Espagne. Mais ce que
l'on sait moins, c'est que cette candidature, qui

causa tant de surprise en France, même parmi les
hommes politiques, était loin cependant d'être une
chose nouvelle pour la diplomatie.

C'est en 1869, pour la première fois, que le cabinet des Tuileries avait eu vent de cette affaire.
Comme il y attachait de l'importance, et qu'il la
croyait susceptible de nous créer un jour où l'autre
des embarras, il décida d'en faire le sujet d'une communication au cabinet de Berlin. M. Benedetti,
notre représentant alors auprès de la cour de Prusse,
fut chargé de voir M. de Bismarck. Mais l'incident
fut vite clos. M. Benedetti ayant exposé que l'avène-
ment d'un prince prussien au trône d'Espagne pourrait nuire aux relations d'amitié existant entre les
deux pays, M. de Thile, sous-secrétaire d'État aux
Affaires étrangères de Prusse, qui remplaçait M. de
Bismarck, absent ce jour-là, fut aussi explicite que
rassurant. Il répondit vivement qu'il ne connaissait
pas cette affaire, et jura même sa parole d'honneur
que les bruits dont il s'agissait étaient faux[1].

La candidature en question paraissait donc abandonnée, et on n'y pensait plus guère à Paris, lorsque, le 3 juillet 1870, M. Mercier, notre ambassadeur à Madrid, la signala de nouveau[2]. M. Mercier

---

1. Benedetti. *Ma Mission en Prusse,* dépêche du 31 mars 1869.

2. Voir aux documents annexés à la fin du volume, la dépêche
de M. Mercier, pièce n° 1.

tenait la nouvelle d'un des membres dirigeants du ministère espagnol, du maréchal Prim lui-même, et il annonçait que le prince Léopold n'était pas seulement prétendant, que le maréchal Prim et ses collègues étaient résolus de l'appuyer[1].

Le doute n'était plus permis maintenant; l'intrigue était près d'aboutir, et dans cette intrigue, nous avions l'air de jouer un rôle de dupe, puisque malgré nos représentations, et malgré les dénégations de la diplomatie prussienne, le prince de Hohenzollern restait prétendant. Aussi le mécontentement fut-il très vif aux Tuileries.

On ne pouvait guère s'en prendre à l'Espagne qui, l'an d'avant, était restée étrangère à nos explications avec le cabinet de Berlin, qui, par conséquent, ne nous avait rien juré, ni rien promis; on s'adressa de nouveau à la Prusse. De nouveau M. Benedetti fut chargé d'interroger M. de Bimarck, et de s'expliquer avec lui. Mais l'attitude de M. de Thile (M. de Bismarck était encore absent) fut cette fois beaucoup moins nette qu'en 1869. Il ne nia pas le fait. Il s'efforça seulement de dégager la responsabilité de son cabinet qui, dit-il, n'était pour rien, dans la candidature du prince Léopold[2].

---

1. Benedetti. *Ma Mission en Prusse*, p. 415.
2. Benedetti. *Ma Mission en Prusse*, p. 424.

Voilà à peu près où en était l'affaire, lorsqu'elle fut ébruitée en France, et qu'un député de l'opposition demanda à interpeller le gouvernement. La réponse du ministère ne se fit pas attendre. La demande d'interpellation avait été déposée le 5 juillet. Le 6, M. de Gramont, ministre des Affaires étrangères, monta à la tribune du Corps législatif et, devant les députés silencieux, il déclara que le trône d'Espagne avait été réellement offert au prince Léopold, et que les Cortès, dont l'avis était nécessaire, devaient se réunir prochainement pour délibérer à ce sujet. Mais il ajouta ceci :

Il ajouta que l'idée de cette candidature n'était pas née en Espagne, qu'elle était l'œuvre d'une puissance étrangère qui cherchait à troubler à notre préjudice l'équilibre européen, et que nous ne pouvions pas tolérer cela ; que nous le pouvions d'autant moins que les négociations qui avaient créé la situation actuelle nous avaient été cachées ; qu'à côté de la question d'intérêt, il y avait par conséquent pour nous une question de dignité nationale, et que si le prince Léopold restait prétendant la France tirerait l'épée[1].

Ces paroles causèrent en Europe un long frémissement.

---

1. Voir aux documents annexés à la fin du volume la pièce n° 2.

Dans les régions diplomatiques, on connaissait bien partout l'antagonisme des deux cabinets; mais on ne croyait pas qu'il fût si près de prendre une forme aussi aiguë. Il n'y avait pas à se faire illusion en effet. La déclaration de M. de Gramont n'était ni plus ni moins qu'une sommation faite publiquement à la Prusse d'avoir à retirer son candidat. Or, que ferait la Prusse devant cette attitude un peu hautaine de la France? Accorderait-elle la satisfaction demandée ou la refuserait-elle? On ne le savait pas; mais on pensait plutôt qu'elle la refuserait, parce qu'elle avait dû être froissée du ton de nos paroles, et qu'après la mise en demeure de M. de Gramont, elle risquait de paraître pusillanime, en se montrant seulement accommodante.

Au point de vue de la paix, la déclaration du 6 juillet eut donc un résultat fort regrettable; elle greffa une question d'amour-propre sur une question d'intérêt, et rendit ainsi tout arrangement difficile.

Mais est-ce à dire pour cela, comme tant de fois on l'a fait, que cette malheureuse déclaration fût cause de tout le mal, et que sans elle on serait parvenu encore une fois à s'entendre? Oh, quant à cela non, et voici pourquoi:

M. de Bismarck a la réputation d'être ce qu'il est effectivement, c'est-à-dire un diplomate hardi, intelligent et énergique. Quand il remit la candidature du prince Léopold sur le tapis, il savait ce qu'il faisait et à quoi il s'exposait. Il prévoyait très bien l'orage qu'il allait soulever en France[1]. Après les explications que M. Benedetti avait eues avec M. de Thile, à ce sujet, en 1869, comment ne l'aurait-il pas deviné, alors que le dernier des secrétaires d'ambassade l'aurait compris? Or, si M. de Bismarck savait tout cela, s'il était l'auteur volontaire, conscient de la querelle, comment pourrait-on croire qu'il était de bonne foi, et qu'il se serait volontiers prêté à un accord? Ce n'est pas la mode que celui qui déchaîne la tempête, fasse ensuite de son gré et à ses dépens de grands efforts pour l'apaiser.

Mais cela ne nous empêche pas de reconnaître, qu'en procédant comme il le fit, notre gouvernement rendit la paix presque impossible. Sa déclaration du 6 juillet envenima le débat, et n'obligea pas seulement la Prusse à se tenir raide devant nous; elle nous força, nous aussi, à être exigeants envers la Prusse, car après une sommation aussi altière, nous ne pouvions plus nous contenter de demi-concessions. Il nous fallait une satisfaction éclatante.

C'est dans ces conditions que, le 9 juillet, commen-

---

1. Il ne peut s'élever aucun doute là-dessus. Les rapports militaires du colonel Stoffel le prouvent surabondamment. Dès 1869, et même avant, on considérait en Allemagne une guerre avec la France comme fatale, inévitable. Voir, à la fin du volume, un extrait du rapport du 12 août 1869, pièce n° 17.

cèrent les négociations d'Ems. Elles eurent lieu à Ems parce qu'à Paris, on désirait avoir une solution le plus tôt possible, et que le roi Guillaume, à qui on avait résolu de s'adresser directement, afin d'éviter les lenteurs, se trouvait dans cette ville d'eaux.

Mais la première conférence n'aboutit à rien ; elle ne servit qu'à nous indiquer le terrain, sur lequel nos adversaires entendaient se placer, pour défendre leurs prétentions, et combattre les nôtres. Le roi, en effet, ne s'amusa pas à discuter les dires de notre ambassadeur ; il s'abrita derrière sa qualité de parent du prince Léopold, et feignant de croire que toute la question était là, il dit qu'en l'autorisant à accepter la couronne d'Espagne, il l'avait fait en sa qualité de chef de famille, et non en celle de souverain ; qu'en conséquence, avant de donner une réponse, il avait besoin de s'entendre avec le prince. On se sépara donc sans que la question eût fait un pas ni dans un sens ni dans l'autre. Mais cet atermoiement, comme on le devine, ne faisait pas l'affaire du gouvernement français qui craignait d'être dupé une seconde fois. Il télégraphia à son ambassadeur, qu'il lui fallait une réponse, et qu'il la lui fallait tout de suite. Il l'invita à demander une nouvelle audience au roi. Le 11 juillet, par conséquent, eut lieu une seconde entrevue.

Celle-ci fut tout aussi stérile que la première. Quoique nous eussions déjà répliqué à cet argument, le roi répéta mot pour mot le 11, tout ce qu'il avait dit le 9 au sujet de la distinction à faire entre le chef de famille et le souverain, et quand M. Benedetti, mettant les points sur les *i*, eut déclaré nettement *que la dualité invoquée était inadmissible... Que le roi était chef de famille parce qu'il était souverain, et qu'il devenait dès lors impossible de séparer dans le cas actuel les deux qualités*, il se borna à répondre qu'il n'avait pas encore reçu les communications du prince Léopold, et qu'aussitôt après qu'elles seraient arrivées, il ferait connaître sa réponse définitive[1].

Ces négociations, d'ailleurs, n'empêchaient pas les préparatifs militaires de marcher. A Berlin, aussi bien qu'à Paris, on les poussait avec une activité extrême. Dans les arsenaux prussiens, on travaillait jour et nuit. Au cours de cette deuxième entrevue, le roi dont le langage pourtant avait été étudié et pesé d'avance, laissa échapper ces paroles qui témoignaient de la gravité de la situation. *Je n'ignore pas*, dit-il, à M. Benedetti, *les préparatifs qui se font à Paris, et je ne dois pas vous cacher, que je prends moi-même mes précautions, pour n'être pas surpris.*

---

1. Benedetti. **Ma Mission en Prusse**, p. 351.

Pourtant il y eut une éclaircie. Le 12 on apprit à Paris que le conflit était en voie d'arrangement; le prince Antoine, père du candidat, venait de renoncer au nom de son fils au trône d'Espagne.

Comme cette candidature était la seule cause apparente de la querelle, il semblait que celle-ci devait se terminer là. Mais on s'aperçut bien vite qu'on s'était trompé. Le cabinet des Tuileries gardait rancune à celui de Berlin d'avoir voulu le mystifier dans cette affaire. Il ne se contenta pas de cette satisfaction indirecte, et dans la nuit du 12 au 13, M. de Gramont télégraphia à M. Benedetti, qu'il paraissait nécessaire que le roi s'associât à cette renonciation, et nous donnât l'assurance qu'il n'autoriserait pas de nouveau cette candidature, si elle venait à se reproduire.

Le 13 juillet, M. Benedetti se présenta donc pour la troisième fois chez le roi. Dès les premiers mots, il fut visible que notre demande ne serait pas agréée.

Le roi Guillaume, en effet, ne voulut pas entendre parler de garanties. Il répondit à notre ambassadeur, que nous lui demandions une chose impossible; qu'une renonciation absolue engagerait l'avenir, et qu'il ne voulait pas se lier; qu'il tenait au contraire essentiellement à garder sa liberté d'action.

Comme tout cela fut dit d'un ton assez sec, quoique en termes courtois, il s'ensuivit que l'entretien ne fut pas long. M. Benedetti prit congé du roi qui, en le quittant, lui promit toutefois, comme il l'avait fait précédemment, de le mander auprès de lui, aussitôt que les dépêches du prince de Hohenzollern, qu'on attendait toujours, lui seraient parvenues.

Seulement, le roi Guillaume se ravisa, paraît-il, bientôt après, car les dépêches en question étant arrivées sur ces entrefaites, il ne fit plus appeler notre ambassadeur. Il se contenta de lui envoyer un de ses aides-de-camp, le prince Radziwil, et, oubliant sa promesse, il lui fit simplement dire, par cet intermédiaire, qu'il approuvait la renonciation de son parent. Quant à recevoir M. Benedetti, qui le désirait cependant, il s'y refusa d'une manière absolue, en disant qu'il ne voulait pas reprendre la discussion relative aux garanties, et qu'il s'en tenait à cet égard aux considérations déjà exposées[1].

Cette entrevue du 13 juillet fut, par conséquent, la dernière. Les négociations étaient rompues.

Lorsque le cabinet des Tuileries en connut le dénoûment, il fit ce qu'il était facile de prévoir. Il donna l'ordre à son ambassadeur de quitter Ems de suite, et de revenir à Paris. Mais il ne s'arrêta pas là. Il avait promis aux Chambres de leur faire connaître le résultat des pourparlers le 15 au plus tard.

----

1. Benedetti. *Ma Mission en Prusse*, p. 378.

Le 15, M. Emile Ollivier, remplaçant M. de Gramont retenu au Sénat, se rendit au Corps Législatif, et, après avoir exposé quelle était la situation aux yeux du ministère, il déclara à son tour qu'on était à la guerre, qu'il fallait s'y préparer, et invita la Chambre à voter immédiatement les crédits nécessaires.

L'opposition eut beau résister, conseiller la prudence, et demander des explications au sujet d'une prétendue insulte dont notre représentant à Berlin aurait été victime. La majorité, fidèle quand même au Cabinet, lui donna raison. Elle vota les crédits ; elle vota l'appel de la garde nationale mobile. Dès lors, la guerre était virtuellement déclarée.

Les événements, on le voit, marchèrent vite. Le 4 juillet, la candidature du prince de Hohenzollern, cause de la querelle, n'était pas encore connue en France. Le 15, tout était déjà fini, et le cabinet des Tuileries déclarait en plein Parlement, que la Prusse nous poussait à bout, que la mesure était comble, et que nous allions nous préparer à la guerre.

Est-ce ainsi que, d'ordinaire, les choses se passent ? Non, certes ! La diplomatie ne serait pas la diplomatie, si elle marchait avec tant de pétulance. De toutes les entreprises de l'homme, il n'y en a assurément aucune qui, autant que la guerre, présente des inconnues, et exige des efforts. Ce n'est pas seulement de l'argent, que l'on consomme à la guerre, quoiqu'il en faille beaucoup, ce sont aussi des hommes, c'est-à-dire du sang. Une guerre, quelle qu'elle soit, est donc toujours une affaire fort grave, et, avant de s'y engager, il est bon de réfléchir. Il est surtout nécessaire d'être prêt. Or, on n'est pas toujours prêt à l'heure où un conflit éclate, et il faut du temps pour qu'on le devienne. Voilà pourquoi, dans la très grande majorité des cas, on négocie longuement avant de rompre. On négocie afin de se donner le temps d'achever les préparatifs, et aussi afin d'écarter de soi un reproche qu'il faut toujours éviter, celui d'avoir souhaité et provoqué la guerre.

Avant d'aller plus loin, il s'agirait donc de trouver une explication à la marche précipitée des événements en cette grave circonstance, car il s'en faut de beaucoup qu'on soit d'accord là-dessus.

Pour justifier la conduite du gouvernement impérial, ses partisans ont mis en avant la réunion des Cortès espagnoles.

Ils ont dit que les Cortès devaient se réunir prochainement pour statuer sur la candidature du prince Léopold, et que si nous avions attendu pour nous expliquer avec la Prusse, que cette candidature eût été acceptée à Madrid, nous n'aurions pu réagir contre ce fait accompli, qu'en nous brouillant avec l'Espagne. Nous avions donc un bon motif de nous hâter, ajoutent-ils, car en hésitant, on n'aurait abouti qu'à une chose, qu'à se mettre sur les bras deux adversaires au lieu d'un.

Il est certain que l'Espagne était libre de prendre pour roi, qui bon lui semblait, et qu'elle aurait difficilement toléré une immixtion de notre part dans une affaire de ce genre. Mais pour juger la conduite de notre gouvernement, il ne faut pas seulement se demander ce qu'aurait fait celle-ci. Il faudrait savoir surtout, si la candidature allemande, qui était, nous l'avons dit, contraire à nos intérêts, avait cependant assez de gravité pour nous décider à courir les hasards d'une grande guerre. Or, cette question est des plus épineuses, parce que si la présence d'un roi prussien sur le trône espagnol était de nature à nous donner, dans certains cas, de graves soucis, dans le cas par exemple, où nous aurions un jour à faire la guerre à la Prusse, de l'autre côté, il n'était pas prouvé, que même avec un roi prussien, la nation espagnole devînt le satellite de M. de Bismarck. L'Espagne, on le sait, est un pays récalcitrant, et plus que toute autre, difficile à manier.

D'ailleurs, les adversaires de l'Empire n'admettent pas le motif tiré de la réunion des Cortès, qu'ils ne considèrent pas comme sérieux. Suivant eux, celle-ci ne fut qu'un prétexte, et si la candidature allemande amena la guerre, c'est que Napoléon III la désirait. Ils affirment que ce souverain voulait la guerre, qu'il la voulait pour des raisons dynastiques, parce qu'il sentait le pouvoir lui échapper, et qu'il saisit aux cheveux la première occasion qui se présenta de la faire. A l'appui de leur opinion, ils invoquent la fameuse déclaration du 6 juillet, et la façon inusitée dont les négociations furent conduites. Napoléon, disent-ils, n'aurait pas parlé de la sorte si, dès le début il n'avait eu l'intention bien arrêtée de combattre.

Ce raisonnement a de la valeur. Mais les partisans de l'empire répliquent que si Napoléon était irrité contre la Prusse qui l'avait trompé (déclaration de M. de Thile[1]) il était dans son droit, et que d'ailleurs les paroles de M. de Gramont ne prouvent rien; qu'elles ne prouvent rien, parce qu'elles ne représentent pas fidèlement la pensée du souverain, et que si on veut en avoir la preuve, on n'a qu'à ouvrir la déposition du maréchal Le Bœuf dans l'enquête parlementaire. Ils ajoutent qu'en 1870, Napoléon III était malade; qu'il souffrait depuis longtemps de la maladie qui devait l'emporter un jour, et qu'il est rare que dans un état de santé pareil, l'esprit ait beaucoup de penchant pour les aventures[2]. Mais

---

1. Il n'est pas impossible que M. de Thile fût de bonne foi, et que la candidature allemande eut, comme on dit, passé par-dessus sa tête.

2. D'une consultation qui eut lieu aux Tuileries, le 1er juillet 1870, entre les docteurs Nélaton, Ricord, Fauvel, G. Sée et Corvisart, il

il y a une déposition, dont ceux-ci ne parlent pas, probablement parce qu'elle est moins favorable à leur cause, c'est celle du duc de Gramont. Ils se taisent, en outre, sur le compte de l'impératrice, qui semble pourtant avoir eu une influence sur la marche des événements[1].

La question de savoir si Napoléon III désirait la guerre ou ne la désirait pas, est donc loin d'être vidée encore, et pour notre part, nous ne nous chargeons pas de la trancher. Le lecteur adoptera l'opinion qui lui paraîtra la plus juste. Mais que l'on soit avec Napoléon ou contre lui, il y a un fait dont il faut, dans tous les cas, tenir compte, c'est qu'en 1870, la candidature du prince de Hohenzollern, n'était pas, de tant s'en faut, le seul point sur lequel la France et la Prusse fussent divisées.

Les causes de désaccord entre les deux pays étaient

---

résulte que Napoléon III était atteint de la gravelle. — Voir à la fin du volume (pièce n° 3) le texte de cette consultation, que nous empruntons, ainsi que les explications, et les réflexions qui l'accompagnent, à l'*Union médicale* de 1873, numéro du 9 janvier.

1. D'après le maréchal Le Bœuf, Napoléon aurait trouvé la déclaration trop agressive, et aurait exigé qu'elle fût adoucie, lorsque le 6 au matin, à Saint-Cloud, on lui en soumit le projet avant l'ouverture de la Chambre. Mais le maréchal ajoute que les modifications demandées ne furent pas faites, ou que si elles le furent, c'est le texte primitif qui prévalut, lors de la lecture aux députés.

Le duc de Gramont n'a pas reproduit cette version devant la Commission d'enquête.

au contraire aussi anciennes que nombreuses. Pour en découvrir l'origine, il faut remonter au moins jusqu'à Waterloo et aux traités de 1815. Ces traités, on le sait, ont formé la base du droit public européen jusqu'en 1870.

Eh bien! que firent les législateurs de 1815?

Parmi les conquêtes que la France avait faites depuis 1789, il y en avait qui était légitimes et d'autres qui ne l'étaient pas. Dans les premières, il faut ranger les territoires compris entre le Rhin et notre ancienne frontière de Louis XIV, parce que ces territoires autrefois faisaient partie de notre pays, et qu'en nous en emparant nous n'avions fait, à proprement parler, que reprendre notre bien. Ce n'est pas nous qui le disons et qui le voulons ainsi, c'est la nature, car, qu'on le veuille ou non, le Rhin, dans l'antiquité, a toujours séparé les peuples de race celtique, de ceux de race germanique. Jules César le dit formellement au début de ses *Commentaires*, et Tacite également dans son étude sur la *Germanie* [1].

---

1. « Toute la Gaule, dit César, est divisée en trois parties, dont une est habitée par les Belges, l'autre par les Aquitains, la troisième par ceux qui, dans leur langue, s'appellent Celtes, et dans la nôtre Gaulois..... *Les Belges..... sont voisins des Germains qui habitent au-delà du Rhin.* » *Commentaires*, livre Ier, § 1.

Tacite, de son côté, écrit : « La Germanie est séparée de la *Gaule*, des Rhétiens et des Pannoniens, par le *Rhin* et le Danube..... » *Germania*, § 1.

C'eut donc été juste de laisser à la France les territoires en question, et de ne lui enlever que ceux
qui jadis ne faisaient point partie de la vieille terre
gauloise. On aurait ainsi fait acte de justice et de
bonne politique en même temps; car la France, en-
fermée dans ses limites naturelles, aurait été satisfaite, et n'aurait jamais plus songé à troubler le
monde par ses conquêtes.

Mais, nous le répétons, que firent les diplomates
de la coalition?

Après les combats de Champaubert, de Montmi-
rail et de Montereau, qui avaient rendu un peu
d'éclat à nos armes, la France, au Congrès de Châ-
tillon, insistait afin qu'on lui laissât le Rhin pour
frontière du côté de l'Allemagne[1]. C'était son
droit, surtout si on tenait compte des immenses
territoires dont elle faisait l'abandon, et des agran-
dissements obtenus depuis 1789 par les autres puissances. Quant à la Prusse, elle demandait, en retour des services rendus par elle à la coalition, un
agrandissement en Saxe. Elle voulait *toute la
Saxe*[2]. C'était son droit aussi, bien qu'elle exa-
gérât beaucoup l'importance de ses services.

-----

1. Lavallée. *Les Frontières de la France*, pp. 231 à 234.

2. Thiers. *Histoire du Consulat et de l'Empire*, tome XVIII,
pp. 428, 447, 451.

Mais cet arrangement fort acceptable en somme pour tout le monde, n'était pas du goût de tous les coalisés et particulièrement de l'Angleterre [1]. Dans le traité de Paris du 30 mai 1814, celle-ci fit décider que tous les pays situés à la gauche du Rhin nous seraient enlevés [2], et que les Provinces Rhénanes seraient données à la Prusse, bien que ces provinces fussent éloignées de la monarchie prussienne, séparées d'elle par un grand fleuve, et par plusieurs petits états [3].

La Prusse reçut donc l'agrandissement qu'elle demandait, mais elle ne l'eut pas là où elle le voulait ; elle ne fut qu'à moitié satisfaite [4].

Quant à la France, on crut que l'injustice, dont on s'était rendu coupable envers elle n'était pas assez

----

1. Id., p. 565.

2. Cette spoliation de la France avait été admise en principe par la convention militaire dn **23** avril précédent. — Lavallée. *Les Frontières de la France*, p. 246.

3. Les provinces belges furent en même temps données à la Hollande pour former le royaume des Pays-Bas, et le Palatinat à la Bavière. Mais ces dernières annexions, quoique absolument résolues à l'époque du traité de Paris, ne furent pourtant réglées définitivement que par le Congrès de Vienne.
Voir, à ce sujet, Lavallée, *Les Frontières de la France*, pp. 246 à 253, et Thiers, *Histoire du Consulat et de l'Empire*, tome XVIII, pp. 571, 594 et 595.

4. Grâce à l'empereur de Russie, la Prusse obtint cependant, en dehors des provinces rhénanes, une partie de la Saxe. — Thiers. *Histoire du Consulat et de l'Empire*, tome XVIII, p. **589**.

criante, et qu'il était nécessaire d'en commettre un de plus. Le traité de Paris laissait intacte notre ancienne frontière de Louis XIV. Après Waterloo, les alliés décidèrent que cette frontière devait être annulée, et, pour l'annuler, ils y pratiquèrent trois ou quatre trouées aux endroits les plus vulnérables. Landau, qui couvrait l'Alsace, fut alors donné à la Bavière ; Sarrelouis, qui fermait la Lorraine, fut livrée à la Prusse ; Philippeville et Marienbourg, qui défendaient la trouée de l'Oise et la route de Paris, formèrent le lot des Pays-Bas. Il s'en suivit qu'après 1815, la France, du côté des Allemands, n'eut plus de frontière, ni naturelle, ni artificielle. L'entrée de la vallée de l'Oise, et tout l'espace qui s'étend de Luxembourg à l'embouchure de la Lauter, cinquante lieues environ, restèrent découverts[1].

Cela posé, il ne faut pas être doué d'une perspicacité bien grande, pour deviner quelle serait, à l'avenir, la politique des deux pays. L'un et l'autre considérant l'œuvre de 1815 comme insuffisante, ou comme accomplie à leur détriment, devaient naturellement être portés à la corriger. Or la France ne pouvait se refaire une frontière, et se rapprocher du Rhin

---

1. Traité du 20 novembre 1815. — Lavallée. *Les Frontières de la France*, p. 288. Huningue, dont le canon commandait le pont de Bâle et nous protégeait, ainsi contre une agression venant de la Suisse, fut en outre démantelée.

qu'aux dépens de la Prusse ; et cette dernière ne pouvait donner à ses possessions l'homogénéité qui leur manquait qu'au détriment de la France.

L'antagonisme était par conséquent forcé.

Pendant longtemps, cette cause de discorde resta sans effets appréciables. Les vingt années de guerre, qui avaient précédé la chute de Napoléon Ier, avaient tellement épuisé l'Europe, que la paix était un besoin impérieux pour tous.

Mais les campagnes d'Italie et de Bohème vinrent de nouveau mettre en relief l'opposition d'intérêts des deux nations. Immédiatement après Solférino et Sadowa, une certaine inquiétude se manifesta en Prusse et en France, bien qu'en apparence les intérêts prussiens n'eussent pas été en jeu en Italie, et que les nôtres ne l'eussent pas été davantage en Bohème. Mais, en 1859, la Prusse se demanda si le moment des revendications de la France n'était pas proche, et celle-ci se posa la même question en 1866, en apprenant les succès de sa voisine. Les traités de 1815 portaient ainsi leurs fruits : l'une des deux puissances ne pouvait être heureuse ou malheureuse, sans que l'autre n'en ressentît le contre-coup en sens inverse.

L'antagonisme se montra surtout clairement après Sadowa, à cause des changements territoriaux considérables qu'entraîna la victoire des Prussiens.

Le traité de Prague, qui avait mis fin aux hosti-

lités, portait en substance que le Hanovre, Francfort, les deux Hesse et le duché de Nassau étaient
annexés à la Prusse. Dès que cet arrangement fut
connu en France, il y produisit un véritable malaise.
Non pas que la France fût jalouse des lauriers de sa
voisine, elle n'avait rien alors à lui envier sous ce
rapport-là; mais bien parce que ce traité réalisait ce
qu'elle avait toujours redouté, c'est-à-dire l'absorption par la Prusse des petits États allemands, et
la formation d'un puissant État sur notre frontière
du Nord-Est.

Nous n'entendons pas dire par là, que, de suite
après Sadowa, on songea en France à une guerre
avec la Prusse. Non, on n'y songeait même à aucun
degré. Il y eut malaise chez nous, et rien que malaise. En 1866, et même en 1867, on ne s'occupait
réellement en France que de deux choses, de politique intérieure et de gagner de l'argent[1]. Tout ce
qui s'écartait de ces deux objectifs, n'y causait que
des impressions passagères, ce qui permet de croire
que si la Prusse l'avait voulu, le vieil antagonisme
dont nous venons d'esquisser l'histoire, serait resté
longtemps encore à l'état latent. Avec notre caractère
léger, il est même possible, que nous nous fussions

---

1. C'était ainsi alors, et c'est, malheureusement, encore un peu
ainsi aujourd'hui. L'amour de l'argent est même devenu tel, qu'il
empêche l'accroissement de la population. C'est là une des plaies
de notre pays.

habitués, à la nouvelle situation que le traité de Prague nous avait faite.

Mais la Prusse ne le voulut pas, ou, du moins, elle fit comme si elle ne le voulait pas.

Soit, en effet, parti pris chez elle, ou simplement vanité et désir de se mettre en relief, les conventions qui consacraient son agrandissement étaient à peine signées, qu'elle se mit en opposition ouverte avec nous. Toutes les occasions lui étaient bonnes pour cela. Le cabinet des Tuileries prenait-il position dans une question européenne quelconque, vite celui de Berlin adoptait une position contraire. Dans un but d'intérêt réciproque, la France s'adressait-elle à la Prusse pour en obtenir quelque chose, immédiatement celle-ci refusait.

C'est ainsi qu'en 1867, on aborda la question romaine. A cette époque déjà, l'ambition italienne nous causait pas mal de soucis, et Napoléon, pour s'en décharger, aurait désiré la réunion d'une conférence qui aurait tout réglé. Mais M. de Bismarck avait autre chose à faire que de nous être agréable. Il refusa son concours et, de cette façon, fit avorter la conférence. Il est même probable qu'il fit mieux, et que, dans le but de nous créer de nouveaux embarras, il ne resta pas étranger aux coups de main de Garibaldi sur les États pontificaux[1].

---

1. Benedetti. *Ma Mission en Prusse,* pp. 240 et 260.

En 1869, autre proposition de la France, nouveau refus. Il s'agissait cette fois de désarmement. Ni en 1866, ni en 1867, la France, nous l'avons dit, ne songeait à la guerre. Mais la fin de 1867 avait vu un changement s'opérer dans les idées, de sorte qu'en 1868, on avait commencé à entrevoir la possibilité d'une guerre avec la Prusse, et puis à considérer celle-ci comme probable.

En France, on a la mémoire courte. Quand on parle aujourd'hui des événements de 1870, on raisonne souvent comme s'ils avaient dérouté tout le monde, comme si, au mois de juillet de cette année, on avait entendu, en France, prononcer le mot de guerre pour la première fois. Si l'on veut dire par là que la crise marcha avec une rapidité inouïe, on est dans le vrai; nous l'avons montré nous-même. Mais il ne faut pas faire semblant de croire qu'elle était absolument imprévue; car on s'y attendait au contraire; on ignorait seulement dans quelle circonstance elle se présenterait.

Cela est si vrai, et avant 1870, on avait tellement l'habitude de voir des signes de guerre partout, que, dans la conversation, la locution *signe de guerre* revenait fréquemment sous forme de plaisanterie. Une cuisinière laissait tourner une sauce, c'était *signe de guerre*. C'était signe de guerre également, si un fournisseur acariâtre se montrait plus exigeant que de raison.

On trouvera peut-être ces détails peu dignes de l'histoire, mais nous avons avancé un fait, et nous voudrions le prouver. Ce désir, juste en lui-même, nous servira d'excuse. Nous voudrions établir qu'en 1870, on s'était habitué chez nous à l'idée d'une lutte avec la Prusse, et que si on fut surpris, ce fut moins de la guerre elle-même, que de la précipitation avec laquelle notre gouvernement s'y engagea. Comment en aurait-on été surpris, alors que depuis 1868 des bruits de guerre naissaient et circulaient sans cesse ?

C'est même pour couper court à ces bruits, dont le premier effet était de paralyser les affaires, qu'en 1869 le gouvernement français, par l'intermédiaire du Foreign-Office, fit proposer au roi Guillaume un désarmement.

Mais le roi Guillaume refusa obstinément d'entrer dans cette voie. Il refusa sous prétexte que l'éducation militaire faisait partie de l'organisation sociale de son pays[1]. Seulement il y avait une chose qui ne faisait pas partie du régime social de la Prusse, et que M. de Bismarck ne pouvait pas expliquer, c'était l'activité fiévreuse qui régnait dans toutes les branches de l'administration militaire prussienne. Au ministère de la guerre, à Berlin, on préparait tout abso-

---

1. Stoffel, *Rapports militaires*, et Benedetti, *Ma Mission en Prusse*, p. 398.

lument comme si on avait été à la veille d'entrer en campagne. Que signifiait ce branle-bas? Etait-ce un indice des intentions pacifiques du roi de Prusse? En France, on ne le pensait pas ainsi, et on avait raison, car il est rare que lorsqu'on est si bien prêt pour la guerre, on ne la désire pas. L'adage *si vis pacem para bellum,* n'est vrai que dans une certaine limite.

Ce n'est pas tout. En même temps que la Prusse refusait de désarmer, elle entamait des négociations avec les Etats du Sud, pour les faire entrer de gré ou de force dans un système politique que nous ne pouvions que repousser. Le traité de Prague, nous venons de le dire, ne visait directement que les petits Etats du nord de l'Allemagne qui furent tous, quoique à des degrés divers, placés sous la domination prussienne. Quand à ceux situés au sud du Mein, dits Etats du Sud, ils restèrent à peu près indépendants, chacun d'eux conservant comme par le passé, le droit d'avoir une armée et une politique extérieure. Mais cette situation, si belle qu'elle fût, ne satisfit pas longtemps M. de Bismarck. Celui-ci ne voulait en Allemagne d'autre peuple indépendant que la Prusse. Il changea donc tout cela encore une fois, et sans tenir le moindre compte des craintes qu'il allait éveiller chez nous, il imposa à tous ces Etats des traités humiliants; bien humiliants, en effet, puisqu'à l'avenir ceux-ci se résignaient à ne plus rien être en Alle-

magne ; que leurs rois n'avaient plus même le droit
de se mettre à la tête de leurs troupes, et que ce
droit était conféré au roi Guillaume seul.

D'un trait de plume, le traité de Prague se trouvait ainsi considérablement aggravé à notre détriment. Ce n'était plus un petit État comme en 1815
que nous avions sur notre frontière du nord-est, sur
cette frontière que la coalition s'était plu à annuler,
ni même un État moyen comme au lendemain de
Sadowa. C'était au contraire un grand État, car il
n'y avait plus d'illusion à se faire. Après les traités
en question, il ne restait plus debout en Allemagne
qu'un roi et une puissance. Tout le reste avait disparu.

Le France n'avait donc pas tort de suivre avec
attention les transformations de l'Allemagne ; si celle-
ci avait le droit de faire ce qu'elle voulait chez elle,
nous avions, nous aussi, un droit à notre tour, celui
de désapprouver une politique qui touchait à notre
sécurité.

Il ne nous serait pas difficile de multiplier les
exemples, et de prouver que la question de Rome,
celle du désarmement, ou bien celle des États du
Sud, n'étaient pas les seules où l'on pouvait saisir le
caractère tracassier et malveillant de la politique
prussienne. Mais nous craindrions de trop allonger
cette étude déjà longue des causes de la guerre, et de
fatiguer le lecteur. Que l'on nous permette seule-

ment de citer les deux petits faits suivants, qui sont assez clairs par eux-mêmes pour pouvoir se passer de commentaires.

En 1868, le gouvernement français est informé que M. de Moltke, accompagné d'un certain nombre d'officiers prussiens, visite la frontière de France, qu'il prend des notes et lève des croquis. Que venait faire là M. de Moltke ? Etait-ce pour jouir du paysage ? pour respirer les premières senteurs du printemps ? C'était au mois d'avril, il est vrai, mais personne ne le croira [1].

Toujours la même année, en 1868, le général Ducrot, alors commandant de la division militaire de Strasbourg, apprend que le chef de l'état-major prussien a dit au sujet de l'Alsace des choses stupéfiantes. En causant avec un personnage badois, M. de Moltke aurait gravement annoncé à celui-ci que l'Alsace était destinée à devenir prussienne, et que lorsque cela serait fait, ce qui ne pouvait tarder, on la réunirait au Grand-Duché de Bade. Etait-ce pour rire que le général prussien parlait ainsi ? Quand on s'appelle M. de Moltke, et qu'on occupe une position comme la sienne, on ne plaisante pas sur des sujets pareils. Dira-t-on que la bonne foi du

---

1. Voir la pièce n° 4, tirée des *Papiers et Correspondances de la famille impériale.*

général Ducrot avait été surprise? Mais le général tenait cela de source très autorisée. Et puis M. de Schleinitz, ministre de la maison du roi Guillaume, avait parlé exactement dans le même sens, à madame la comtesse de Pourtalès : *avant dix-huit mois,* dit-il un jour à la comtesse, *votre Alsace sera à la Prusse*[1].

On voit donc que si Napoléon III voulait la guerre, comme le prétendent ses adversaires, il n'était pas le seul à la vouloir, et que le roi Guillaume la voulait aussi. S'il en eût été autrement, on ne comprendrait rien à la tournée de M. de Moltke en Lorraine, ni aux propos que nous venons de relater.

Très bien, fera-t-on observer peut-être, mais tout cela n'explique pas la conduite du cabinet des Tuileries au mois de juillet 1870. Pourquoi celui-ci se montra-t-il si arrogant d'abord et si pressé ensuite ? Ce n'était pas la première fois que deux gouvernements vivaient en mauvaise intelligence, on pourrait même dire que c'est assez fréquent. A la vérité, nous nous sommes un peu écarté de la question, nous le reconnaissons ; mais moins toutefois qu'on ne pourrait être tenté de le croire, car l'étude que nous venons de faire de la politique prussienne, va nous permettre de répondre.

---

1. Voir, à la fin du volume, la curieuse et patriotique lettre du général Ducrot au général Frossard à ce sujet (pièce nº 5).

De quoi s'agit-il, en effet? D'expliquer le coup de
tête du 6 juillet 1870, car il est probable que la déclaration de M. de Gramont ne fut pas autre chose,
Or l'explication on la trouve facilement dans la nature des rapports qui existaient à cette époque entre
la France et la Prusse.

D'une manière générale, lorsqu'il y a antagonisme
entre deux pays ; que cet antagonisme repose sur des
causes graves ; que tout ce qui nuit à l'un, profite à
l'autre et réciproquement; qu'il existe en un mot,
opposition d'intérêts absolue, on peut affirmer qu'aucun accord entre eux ne peut être ni sincère ni du-
rable.

Lorsqu'ensuite on voit un de ces pays, comme la
Prusse, à la suite de succès qui ont augmenté sa
force, se poser fièrement en adversaire de l'autre,
c'est-à-dire de la France, prendre comme un malin
plaisir à la surexciter, à l'irriter et à lui faire sentir
qu'elle a grandi, on peut affirmer que la guerre est
inévitable, et que la paix est à la merci du moindre
accident.

C'est ce qui se passa en 1870. La candidature du
prince de Hohenzollern n'avait peut-être pas assez
d'importance par elle-même pour amener une rupture. En toute autre circonstance, la diplomatie
aurait facilement rétabli l'entente.

Mais d'abord il n'y avait guère d'entente possible
entre deux pays rivaux, pour ne pas dire ennemis

depuis longtemps, et divisés sur une foule de questions dont quelques-unes étaient capitales.

Ensuite cette candidature tirait une gravité particulière de ce fait qu'elle avait déjà donné lieu en 1869, à des observations de notre part, et qu'alors le cabinet prussien nous avait formellement assuré que tous les bruits répandus à ce sujet étaient faux. Après les déclarations de M. de Thile, on doit en convenir, l'affaire prenait passablement le caractère d'une mystification. Si notre gouvernement s'engagea trop vivement dans le conflit, s'il adopta surtout l'attitude cassante que nous connaissons, il faut le regretter, car il accepta ainsi gratuitement un rôle qui n'était pas le sien, le rôle de provocateur qui, en réalité, appartenait à M. de Bismarck. Mais il n'y a pas à s'en étonner outre mesure. La guerre était inévitable ; il fallait qu'un jour ou l'autre, elle éclatât. Cette affaire du trône d'Espagne, ne fut que la goutte d'eau qui fait déborder le verre.

FORCE DES ARMÉES BELLIGÉRANTES

CHAPITRE II

Force des Armées belligérantes.

Nous venons d'assister à l'origine du débat et à la
rupture. Nous avons vu ensuite le Corps législatif,
sur la demande du ministère, voter les premiers

crédits nécessaires à la mobilisation. Puisque la Prusse et la France ne purent s'entendre, et qu'il fallût que la force, c'est-à-dire le sabre, tranchât le différend, voyons maintenant quels étaient les moyens d'action de ces deux puissances. Nous nous rendrons plus facilement compte ainsi plus tard des événements malheureux que nous aurons à raconter.

Malgré les théories humanitaires, qui voient dans les armées permanentes des instruments de tyrannie, ou des causes d'affaiblissement pour les pays qui les entretiennent, la France est restée toujours fort attachée à son armée. Pour en douter, il ne faudrait jamais avoir vu Paris un jour de grande revue. La capitale prend, ce jour-là, un aspect particulier. La revue, pour elle, n'est pas une fête ordinaire ; c'est une solennité à laquelle aucune autre ne peut être comparée. Les fêtes religieuses rencontrent beaucoup d'indifférence ; les fêtes politiques ont autant d'adversaires que de partisans. Ici, rien de pareil ; tout le monde est pour la revue. Millionnaires, prolétaires, commerçants et ouvriers, gens de tous âges, de toutes conditions, et de toutes opinions se pressent, se mêlent et se coudoient autour des pelouses du champ de manœuvre. Curiosité, dira-t-on peut-être ; eh bien ! non. Dans l'attitude à la fois joyeuse et recueillie de la foule, il y a, selon nous, autre chose que de la curiosité. Il y a le besoin pour chacun de se rapprocher de l'armée, de la voir, et de lui témoigner ses sympathies.

Mais, ce point établi, nous sommes obligé de signaler une inconséquence de notre tempérament national. Il y a peu de pays en Europe où l'armée soit aussi aimée que chez nous, et il n'y en a pas peut-être où l'on connaisse plus mal ses institutions. Si on nous demandait de le prouver, nous n'aurions qu'à citer l'observation suivante, que beaucoup de lecteurs ont pu faire plus d'une fois comme nous. Jadis, sous l'Empire, le recrutement de l'armée se faisait d'après les règles de la loi de 1832, qui exigeait des conscrits partant un service de sept années. Or, voici comment, à cette époque, on entendait fréquemment des personnes, même très instruites, évaluer sa force. Notre armée, disaient-elles, se compose de sept contingents, chaque contingent est de 100,000 hommes. C'est, par conséquent, 700,000 hommes dont nous disposerions au besoin. Cela avait l'air très exact, et cela, pourtant, ne l'était pas; sept contingents de 100,000 hommes ne faisaient pas 700,000 hommes.

Le contingent, en effet, quand on se reporte à l'époque dont nous parlons, n'était pas seulement l'ensemble des jeunes gens qui chaque année étaient enrôlés (portion active), ou qui étaient susceptibles de l'être (réserve), il renfermait encore un grand nombre d'hommes dispensés du service, et d'autres

qui, sans en être dispensés, ne rentraient pas dans
l'armée proprement dite. Tels étaient les soutiens de
famille, les séminaristes et les membres de l'instruction publique pour la première catégorie ; les
hommes destinés à la garde des colonies et les ins-
crits maritimes pour la seconde[1]. Or, dans le contingent voté tous les ans par la Chambre, la réunion
de ces diverses classes d'individus ne représentait
pas moins de dix-huit ou vingt mille hommes ;
plutôt vingt mille que dix-huit. Comme l'armée
comprenait sept contingents, c'était donc une masse
de sept fois vingt mille hommes, ou 140,000 hommes
qu'il aurait fallu, de ce chef, retrancher du chiffre
précité de 700,000.

Ensuite, il y avait lieu de tenir compte de la durée
réelle du service qui, en fait, était un peu plus
courte que ne l'aurait voulu la loi. Effectivement,
celle-ci comptait du 1ᵉʳ janvier de l'année du tirage
au sort, et finissait le 31 décembre de la septième
année. Toutes les années, au 31 décembre, une
classe était donc renvoyée dans ses foyers.

Mais, quand était-elle remplacée ? Elle ne pouvait
pas l'être dès le lendemain 1ᵉʳ janvier, puisque la
classe qui devait prendre sa place n'avait ni tiré au

---

1. Voir dans le *Spectateur militaire* de 1868, 2ᵉ vol., l'étude
de M. Félix Édon sur la *Loi militaire de 1868*. Voir aussi le
Moniteur officiel du 20 juin 1867.

sort, ni passé la revision. Les opérations du tirage, de la revision, l'appel des hommes et le temps nécessaire pour rejoindre, exigeaient au moins six mois. Il s'ensuivait que la moitié du temps l'effectif, au lieu de sept classes, n'en comptait que six. D'ailleurs, ceux qui raisonnaient ainsi oubliaient que si leur manière de calculer avait été correcte, l'armée aurait été plus nombreuse qu'ils ne le disaient, parce qu'elle comprenait d'autres troupes que celles provenant du contingent. Une armée régulière, qu'elle appartienne à un état ou à un autre, se compose toujours de deux éléments, l'un permanent, l'autre renouvelable par la voie des appels. Or, l'élément permanent chez nous, c'est-à-dire les officiers, les gendarmes, les troupes indigènes (turcos et spahis), les engagés volontaires représentaient environ 100,000 hommes ; c'eut donc été 100,000 hommes qu'en bonne justice, on aurait dû ajouter aux 700,000 fournis, disait-on, par le contingent.

En réalité, voici ce qu'était l'armée française avant 1868. Elle était régie alors par la loi de 1832, modifiée, en ce qui concernait le remplacement, par celle de 1855, laquelle avait substitué au remplacement ordinaire fait par les compagnies d'assurance, l'exonération administrative[1]. Cette loi,

----

1. Cette substitution avait eu, paraît-il, pour conséquence d'introduire par masse dans les rangs de l'armée les hommes qui

qui était l'œuvre d'hommes fort experts en la matière, puisqu'elle avait pour auteurs le maréchal Soult et une commission militaire présidée par le vainqueur de Fleurus, le maréchal Jourdan, fixait la durée du service à sept ans, et divisait le contingent en deux parties, la portion active et la réserve[1]. La portion active, comme son nom l'indiquait, était celle qui était réellement enrôlée ; quant à l'autre, elle restait dans ses foyers, à moins que la crainte de quelque guerre n'obligeât à l'enrôler aussi. Mais chez nous, comme à peu près partout, l'importance du contingent n'était pas déterminée d'avance par la loi d'organisation ; elle était variable de sa nature et relevait du Corps législatif, qui adoptait chaque année un chiffre plus fort ou un chiffre plus faible, suivant les circonstances.

C'est ainsi que, sous le règne de Louis-Philippe, les contingents votés étaient généralement faibles, parce qu'alors le calme était à peu près permanent en Europe, et que, sous celui de Napoléon III, ils étaient généralement forts, par un motif contraire. Aussi, sous l'Empire, l'armée était-elle bien plus nombreuse que sous la monarchie de Juillet. Tan-

---

servaient pour de l'argent et, par suite, d'abaisser le niveau moral de celle-ci. — *L'Armée Française*, par le général Trochu.

1. Voir dans la *Revue des Deux Mondes*, du 15 avril 1867, les *Institutions militaires de la France*, par A. Laugel.

dis que, vers 1840, elle approchait à peine de 400,000 hommes, en 1867, lorsqu'il s'agit pour la première fois de modifier notre organisation militaire, elle atteignait déjà le chiffre respectable de 620,000 hommes[1].

Seulement, disait le maréchal Niel, alors ministre de la guerre, aux députés, il ne faut pas s'abuser sur cet effectif en apparence considérable, ni croire qu'en cas de guerre on pourrait le porter tout entier en avant. On n'en porterait pas même la moitié. Dans le chiffre de 620,000 hommes entrent 80,000 gendarmes et non-valeurs organiques. Ensuite, on est toujours obligé de laisser à l'intérieur une quantité d'hommes suffisante pour maintenir l'ordre, instruire les recrues, garder les places et garder l'Algérie, ce qui exige au moins 260,000 hommes. Il ne reste donc pour l'armée de campagne qu'une force assez modeste, 280,000 hommes environ.

Deux cent quatre-vingt mille hommes! C'était encore un joli chiffre, et quoiqu'on ait l'habitude aujourd'hui, de ne raisonner que sur des effectifs énormes, nous croyons qu'une armée comme celle-là, bien instruite et bien commandée, pourrait ac-

----

1. Discours du maréchal Niel, dans le *Moniteur officiel* du 24 décembre 1867. — Voir aussi *Dictionnaire de l'armée de terre,* par le général Bardin, 1er vol., p. 299.

complir encore de grandes choses. *La force d'une armée*, a dit Napoléon Ier dans un aphorisme resté célèbre, *comme la quantité de mouvement en mécanique, s'évalue en multipliant la masse par la vitesse.* D'où il suit que si le nombre est le premier facteur de la puissance d'une armée, sa mobilité, c'est-à-dire la facilité à se mouvoir et à manœuvrer rapidement, est l'autre[1].

Mais, en 1867, on était encore au lendemain de la guerre de Bohême, où les Prussiens avaient déployé des ressources inattendues. Lorsqu'on apprit qu'ils avaient mis en ligne bien près de 500,000 hommes, une émotion des plus vive se produisit partout en Europe; partout, même chez les puissances qui n'étaient pas comme nous directement en contact avec eux[2]. Aussi, de suite après Sadowa, une fièvre d'armement s'empara-t-elle de tous les pays. Il n'y eut pas jusqu'à l'Angleterre, dont la position au milieu des mers semble pourtant la mettre à l'abri des grandes catastrophes, qui ne songeât à

---

1. Lloyd, cité par le général Lewal dans ses *Études de guerre,* 1er vol., p. 30, a écrit : *Si une armée est trop nombreuse, ce qu'elle gagne par le nombre, elle le perd par l'accroissement de l'embarras, par la lenteur des mouvements et la difficulté des subsistances.*

2. Après Sadowa, l'armée prussienne comptait encore 669,000 hommes, dont 442.000 devant l'ennemi. — *Les Armées allemandes,* par Ludinghausen, traduction de Timmerhans.

sa défense. C'eut donc été extraordinaire qu'en France, où le contre-coup de Sadowa s'était fait sentir peut-être plus vivement qu'ailleurs, on n'entrât pas dans cette voie.

Au mois de juin 1867, le gouvernement impérial présenta aux Chambres un projet de loi qui changeait les bases du recrutement, et devait fournir, sinon tout de suite, du moins après certains délais, des ressources nouvelles à la mobilisation. Mais, chose singulière, le cabinet eut contre lui, dans cette circonstance, ses amis et ses ennemis, de sorte que le projet fut repoussé. Il fut repoussé parce que la majorité le trouvait trop radical, et parce que, aux yeux de l'opposition, il ne l'était pas assez.

Celle-ci, soit par conviction, soit par esprit de taquinerie, demandait l'abolition des armées permanentes, et, suivant l'expression usitée alors, leur remplacement par la *nation armée*[1].

Quant à la majorité, imbue des idées fausses que la nation professait à l'endroit du service militaire, elle voyait avec effroi et rejetait une loi dont toute l'économie reposait sur l'obligation de servir imposée à tout le monde.

---

1. Voir dans le *Moniteur officiel*, du 24 décembre 1867, la séance de la veille au Corps législatif.

Une entente entre la Chambre et le gouvernement semblait donc assez difficile.

Cependant il n'y avait pas à s'endormir, ni à rester indéfiniment dans le *statu quo*. Partout en Europe on armait, ou on songeait à le faire, et motif plus grave encore pour nous, la Prusse, malgré ses assurances pacifiques intriguait déjà dans l'Allemagne du sud, afin de préparer son œuvre d'absorption. Puisqu'on considérait l'armée actuelle comme insuffisante pour assurer la sécurité du pays, on avait donc le devoir de se hâter, et de trouver un biais qui permit sans trop froisser la Chambre, dont on avait besoin, d'atteindre le but désiré.

C'est ce que fit le gouvernement. La majorité, nous venons de le voir, ne voulait pas entendre parler du service militaire obligatoire, et soutenait qu'il fallait chercher en dehors de cette nouveauté, le supplément de forces, dont nous avions besoin. Mais, en retour, elle laissait entrevoir, que si on lui donnait satisfaction sur ce point, elle se montrerait accommodante sur tout le reste. Que, par exemple, elle accepterait la création d'une garde nationale mobile, destinée à servir de réserve à l'armée, et dans laquelle on ferait entrer tous ceux qui, pour une raison ou pour une autre, auraient été dispensés du service.

Une réserve ainsi constituée, disait-elle, est plus que suffisante pour garder les places fortes et maintenir l'ordre. De plus, elle n'exclut en rien la faculté qu'on a toujours eue de fortifier les effectifs en augmentant la durée du service, ou la force du contingent. Dès lors, ajoutait-elle, pourquoi le gouvernement la refuserait-il ? Pourquoi se torturerait-il l'esprit pour inventer de nouveaux systèmes ? N'est-il pas plus commode, et même plus prudent de s'en tenir aux principes de 1832, qui ont pour eux l'expérience, et auxquels les populations sont habituées ?

Il y avait du vrai et du faux dans le langage de la majorité auquel du reste le gouvernement répondit. Mais il n'obtint pas grand'chose. Celle-ci s'appuyant sur ce fait, indiscutable d'ailleurs, que le service obligatoire était antipathique au pays, que la nation n'en voulait pas, résista et finit par triompher. Elle triompha, bien entendu, en faisant quelques concessions de détail. C'est donc sur le terrain de la loi de 1832, que l'entente se fit, et que d'un commun accord, on édifia les disposition nouvelles.

La loi de 1868 qu'il nous reste à analyser, faisait, elle aussi, deux parts du contingent ; mais sans parler de la garde nationale mobile qu'elle instituait pour la première fois, elle différait de son aïeule de 1832 sur plusieurs points essentiels.

Premièrement, elle augmentait la durée du service militaire qu'elle portait de sept à neuf ans. Ensuite elle composait la réserve d'une manière tout à

fait nouvelle. Tandis que sous le règne de la loi de
1832, les hommes de la portion active y achevaient
leur temps de service, c'est-à-dire leur sept ans, sous
celui de la loi de 1868, ils ne faisaient réellement que
cinq ans, et passaient ensuite dans la réserve pour les
quatre années restantes. Il en résultait que la réserve
renfermait des hommes appartenant à deux catégories
distinctes, ceux qui, dès l'origine, ayant été rangés
dans la deuxième portion du contingent n'avaient
jamais servi, et ceux au contraire qui avaient déjà
servi cinq ans.

Enfin la loi s'occupait de la garde nationale mobile, qu'elle organisait d'après les principes indiqués
tout à l'heure. Elle affectait à sa formation tous les
hommes qui ne faisaient partie à aucun titre de l'armée active, c'est-à-dire ceux qui avaient *tiré bon*,
ceux qui s'étaient fait remplacer, et quelques autres
exemptés. La durée du service dans cette garde était
limitée à cinq ans.

Dans le système de cette loi, si on raisonnait
sur des contingents annuels de 100,000 hommes,
qui en 1868 étaient depuis longtemps considérés
comme des contingents normaux, on reconnaissait vite que l'effectif général augmenterait considérablement par l'effet des nouvelles dispositions.
En faisant, en effet, entrer dans celui-ci les ressources fournies par la garde nationale mobile, soit
400,000 hommes environ, on trouvait que l'armée

atteindrait et dépasserait même 1,200,000 hommes.

Jamais à aucune époque la France n'avait possédé une force pareille, et si en réorganisant, on n'avait en vue qu'une question d'effectif, le problème pouvait être considéré comme entièrement résolu[1].

Mais il y avait plus d'une observation à faire sur ce chiffre formidable de 1,200,000 hommes. Dans une armée, en effet, le nombre n'est pas tout. Une armée n'est pas seulement une réunion d'hommes pourvus d'armes et d'uniformes. C'est encore et surtout une réunion d'hommes instruits, disciplinés et possédant l'esprit militaire. Une armée qui ne serait formée que d'hommes étrangers au métier des armes, ne mériterait pas ce nom.

Or, dans les 1,200,000 hommes dont nous venons de parler, on trouvait bien 650 ou 680,000 hommes qui étaient réellement soldats; mais tout le reste, c'est-à-dire 500,000 hommes au moins, les 500,000 de la garde nationale mobile et de la réserve, n'avaient reçu qu'une instruction insuffisante.

Cette proportion était trop forte.

En ce qui concernait la garde nationale mobile, notamment, rien n'autorisait à en exagérer la valeur. Ce n'était certainement pas avec des exercices

---

1. *Loi militaire de 1868*, par Félix Édon, dans le *Spectateur militaire* de 1868, 2° vol. — Voir aussi le *Moniteur officiel* du 20 juin 1867.

qui ne devaient en aucun cas durer plus d'une journée, ni se répéter plus de quinze fois par an, qu'on
pouvait espérer faire des jeunes gens de cette garde
des soldats. Il est plus difficile que cela, d'inculquer
aux hommes, peu dociles par nature, l'esprit militaire, qui n'est autre chose que l'esprit de solidarité,
d'obéissance et de dévouement.

Ensuite, et ceci n'est pas une critique à l'adresse
du législateur de 1868; mais une simple réflexion,
cette force de 1,200,000 hommes que la loi nouvelle nous procurait, était, ne l'oublions pas, l'armée
de l'avenir et non celle du présent. Une armée ne
se reconstitue pas en un jour; il faut du temps à
une loi, comme celle de 1868, qui change les bases
du recrutement pour donner tout son effet. Il fallait
même beaucoup de temps, car celle-ci ayant porté
de sept à neuf ans la durée du service, la réorganisation ne pouvait être achevée, ni l'armée être au
complet avant la neuvième année. Jusqu'à l'expira-
tion de ces neuf ans, c'est-à-dire jusqu'en 1877, il
n'y avait donc pas à compter sur l'effectif de
1,200,000 hommes. Et si par hasard une guerre
survenait avant, les ressources qu'on aurait à y em-
ployer devaient lui être d'autant plus inférieures
que l'intervalle à courir serait plus long.

Cela nous donne l'explication de la médiocrité
relative des forces que la France mit sur pied au

début de la guerre de 1870. Au 1ᵉʳ juillet de cette année, l'armée française comptait 567,000 soldats et 120,000 gardes nationaux mobiles, organisés et habillés, soit en tout 687,000 hommes, non compris la classe de 1869 qui passait en ce moment la revision. Dans le chiffre de 567,000 hommes, l'infanterie était représentée par 340,084 hommes, la cavalerie par 54,170, l'artillerie par 54,861 et le génie par 10,325. Tout le reste appartenait à la gendarmerie, aux états-majors, aux équipages militaires, aux infirmiers, etc. Le maréchal Le Bœuf estimait que la mobilisation ne fournirait guère plus de trois cent mille hommes [1].

L'armée prussienne, contre laquelle on allait se heurter, présentait avec la nôtre de notables différences. L'origine de sa constitution remontait à ses désastres de 1806. La puissance militaire de la Prusse avait, on le sait, sombré à Iéna. Lorsqu'à la paix, le roi Frédéric-Guillaume III songea à la relever, il se trouva en face de difficultés presqu'insurmontables, car d'un côté le traité de Tilsitt qui le privait de la moitié de ses États, lui interdisait d'avoir sur pied une force supérieure à 42,000 hommes ; et de l'autre, la

---

1. Il disait 300 ou 350,000, mais il ne répondait pas de ce dernier chiffre. (*Enquête sur le gouvernement de la Défense nationale*. Déposition du maréchal Le Bœuf.)

Prusse était pauvre, aux trois quarts ruinée et inca-
pable par conséquent d'entretenir de gros effectifs.
Dans ces conditions, comment réussir? Ce n'était pas
avec une armée de 42,000 hommes que la Prusse
pouvait espérer de reparaître un jour sur les champs
de bataille. Le temps des petites armées était passé.

Cependant, le général Scharnorst, à qui le roi
Guillaume III, avait confié la réorganisation projetée, finit par tourner l'obstacle.

Le roi, disait le général prussien, n'a pas le droit
d'avoir sur pied plus de 42,000 hommes, mais il est
libre de recruter et d'organiser cette force comme il
l'entend, les affaires de ce genre étant d'ordre purement intérieur. Pourvu que, dans les combinaisons
nouvelles l'armée ne dépasse jamais le *maximum*
convenu, la Prusse est en règle vis-à-vis de Napoléon.
Si le roi est maître de recruter son armée comme il
le veut, il l'est à plus forte raison de modifier
la durée du service, qui est fort longue, de
la réduire s'il le juge à propos, et de ne garder les
hommes sous les drapeaux que le temps strictement
nécessaire. Or, là, suivant Scharnorst, se trouvait
le remède.

Supposez, en effet, ajoutait-t-il, que la Prusse ne
garde les conscrits dans les régiments que tout juste
le temps indispensable pour les instruire, qu'elle
les renvoie ensuite, et les remplace par d'autres
qu'elle instruira à leur tour, qu'arrivera-t-il? Il arri-

vera forcément ceci, que le roi, en peu de temps, se procurera des ressources immenses, puisqu'en peu de temps il fera passer sous les drapeaux toute la partie valide de la nation. Quant au *maximum* convenu, rien n'est plus facile que de ne pas le dépasser. On n'a pour cela qu'à renvoyer les conscrits instruits au fur et à mesure de l'arrivée des conscrits nouveaux. Tel était le système de Scharnorst.

Le roi Guillaume III était un homme d'une intelligence très ordinaire. Mais il avait le jugement sain et l'esprit droit. Il l'adopta et, malheureusement pour nous, l'expérience prouva qu'il n'était pas sans mérite. Ce système, en effet, ne fonctionnait que depuis trois ou quatre ans, lorsqu'éclata la terrible guerre de 1813. Sait-on combien d'hommes la Prusse jeta alors dans la lutte? Trois cents mille! Chiffre extraordinaire, incroyable presque, si l'on considère que sa population à cette époque n'était que de cinq millions d'habitants[1].

Après Waterloo, où les Prussiens avaient conquis leur rang de grande puissance en compagnie des Anglais, la Prusse voulut se donner une armée en rapport avec sa nouvelle position en Europe. Son ambition, son orgueil aurait été d'avoir une nom-

---

1. Le système de Scharnorst, excellent pour les conditions dans lesquelles il devait fonctionner, n'aurait peut-être pas donné d'aussi bons résultats dans une situation normale.

breuse armée permanente pareille à celles que possédaient les grands États du continent. Mais si la monarchie était plus puissante, elle n'était pas beaucoup plus riche, ce qui l'obligea encore une fois de se contenter d'une armée active médiocre, et de s'appliquer surtout à se créer de fortes réserves.

Aussi, tout en consacrant à nouveau le principe du service militaire obligatoire pour tous, plusieurs décrets, rendus en 1815, le limitèrent à cinq ans dans l'armée proprement dite, tandis qu'ils le portèrent à quatorze ans dans la landwehr : sept ans dans le premier ban et sept ans dans le second [1].

Après 1815, l'armée prussienne se composa donc de cinq contingents de l'armée active et des deux bans de la réserve. Ces divers éléments réunis représentaient une masse d'environ 480,000 hommes.

Ce régime subsista jusqu'en 1860. Mais alors on jugea utile à Berlin de lui faire subir certains changements. On avait plusieurs raisons pour cela. La première était tirée d'une expérience que l'on venait de faire. En 1859, au cours de notre campagne d'Italie, la Prusse, sous un prétexte assez futile,

---

1. *Rapports militaires* du colonel Stoffel, et *L'Armée de la Confédération du Nord*, par un Officier d'état-major.

Une distinction était faite entre les hommes du premier et ceux du second ban, parce qu'en cas de guerre, ceux du premier ban devaient faire campagne avec l'armée active, tandis que ceux du second étaient destinés seulement à la défense des forteresses.

avait cru devoir mobiliser ses troupes et convoquer les bans de la landwehr. Mais les landwehriens répondirent mollement à cet appel. Au lieu de marcher avec entrain, comme on le croyait et comme ils l'avaient fait jadis en 1813, ils ne consentirent, au contraire, la plupart, qu'à rejoindre malgré eux. On s'était donc illusionné sur leur compte.

La deuxième avait trait à certains abus qui se produisaient toutes les années au moment de la formation du contingent, et dont la cause première était dans l'augmentation énorme de la population. Effectivement, celle-ci ayant presque doublé depuis 1815, il était devenu absolument impossible d'encadrer chaque année dans l'ancien contingent, fixé une fois pour toutes à 40,000 hommes, tous les jeunes gens qui atteignaient leur vingtième année. Pour savoir ceux qui seraient enrôlés et ceux qui ne le seraient pas, on était donc obligé, chaque année, de faire un triage; et, comme celui-ci n'était ni prévu ni réglementé par la loi, il donnait souvent lieu à de criantes injustices, et par suite à de nombreuses réclamations. Ce n'étaient pas toujours ceux qui auraient dû l'être qui étaient dispensés du service.

A ces divers points de vue, il paraissait opportun d'apporter quelques changements au système de recrutement en vigueur.

Vis-à-vis de la landwehr, il n'y avait rien à faire.

Elle n'avait plus son élan d'autrefois, comment aurait-on pu le lui rendre? L'enthousiasme, on l'a dit souvent, ne se décrète pas. Tout ce qu'on pouvait désirer, c'était de trouver une compensation ailleurs. Mais le remède contre les abus du recrutement était plus facile. Si on voulait couper court à toute espèce de réclamations, on n'avait qu'une chose à faire, qu'à élever assez le chiffre du contingent pour que tous les hommes valides de vingt ans pussent y trouver place. Tout le monde étant alors enrôlé, personne n'aurait plus le droit de se plaindre. C'est ce que l'on fit. Le contingent fut porté de 40 à 63,000 hommes, et comme il fallait un supplément pour atténuer la moins-value résultant des mauvaises dispositions de la landwehr, on éleva de cinq à sept ans la durée du service dans l'armée régulière[1].

Après toutes ces réformes, l'armée prussienne renfermait, par conséquent :

1° Sept contingents de 63,000 hommes, armée régulière, soit . . . . 441.000 h.

2° Les deux bans de la landwher, estimés chacun à 150,000 hommes, soit.. 300.000
____

Soit ensemble. . . . 741.000 h.

1. La compensation résultant de ces augmentations de service fut jugée si suffisante, que l'on crut pouvoir abaisser à 12 ans le

C'est avec cette force que la Prusse fit la guerre de Bohême. Mais Sadowa et le traité de Prague lui fournirent une nouvelle occasion de se développer. La population venait de s'accroître, il était rationnel que l'armée s'accrût aussi. Lorsqu'en 1867, une loi eut rendu le régime militaire prussien applicable à toute la Confédération du Nord, par ce fait seul l'armée se trouva portée à 900,000 hommes[1]. Dans cet effectif, l'infanterie comptait pour 680,000 hommes, la cavalerie pour 80,000, l'artillerie pour 90,000, le génie pour 18,000 et le train pour 32,000[2].

Mais, en 1870, il n'y eut pas que ces 900,000 hommes qui marchèrent contre la France. Il y en eut d'autres encore, car les États du Sud qui, au début de la querelle avaient montré de l'hésitation,

---

temps de service dans la landwehr, cinq ans dans le premier ban et sept ans dans le deuxième. — Stoffel. *Rapports militaires.*

1. Stoffel. *Rapports militaires.* Dès 1868, les écrivains militaires, tant français qu'étrangers qui depuis Sadowa s'efforçaient de calculer les chances de la prochaine guerre, étaient d'accord sur ce chiffre. Ainsi le colonel Stoffel évaluait l'armée prussienne à 955,000 hommes; Ludinghausen, dans son livre : *L'Armée prussienne*, à 892,000, et l'auteur de l'ouvrage intitulé : *L'Armée de la Confédération du Nord*, à 948,000.

La loi de 1867 supprima le deuxième ban de la landwehr et réduisit le service à douze ans, dont sept dans l'armée et cinq dans la landwehr.

2. Chiffres réduits donnés par l'auteur de *L'Armée de la Confédération du nord de l'Allemagne.*

L'état-major prussien assure, en outre, que dès le mois d'août 1870, l'armée fédérale était de 882,000 hommes.

finirent par se ranger du côté de la Prusse. Or, les contingents de ceux-ci (Bavière, Wurtemberg et Bade), ne pouvaient pas être estimés à moins de 80,000 hommes. Ce fut donc un million d'Allemands à peu près qui marchèrent contre 687,000 Français.

Sans doute nous avions pour nous notre marine, laquelle était incontestablement plus forte que celle des Allemands. Seulement, dans les guerres entre puissances continentales et limitrophes, la marine ne joue jamais qu'un rôle secondaire. Ce n'est pas sur mer que se portent les coups décisifs.

Au point de vue de l'organisation, notre infériorité n'était pas moins grande. L'armée, en effet, n'était pas organisée chez nous en temps de paix. Il n'y avait guère qu'à Paris, à Lyon et en Afrique, où l'on rencontrait en tout temps des corps d'armée complets. Il en résultait que, lorsque la guerre survenait, on avait beaucoup à faire. On était obligé de créer les divisions, de créer les corps d'armée, d'organiser l'armée en un mot, ce qui faisait toujours perdre du temps, et rendait chez nous une formation rapide difficile.

Il est vrai qu'en vue de rendre celle-ci plus prompte, on avait la faculté de tout préparer d'avance dans les bureaux du ministère de la guerre, afin que le dernier moment arrivé on n'eût pas à s'occuper du groupement des unités, et qu'on n'eû plus qu'à envoyer des ordres. Mais cette précaution, bonne à prendre, ne remédiait qu'imparfaitement à notre défaut d'organisation, car sans parler de l'inconvénient, inconvénient grave cependant, de placer à la tête des troupes des chefs qui ne les connaissaient pas, et dont ils n'étaient pas connus, n'était-il pas regrettable que ceux-ci, dans un moment pareil, où toutes les minutes sont comptées, perdissent leur temps à voyager et ensuite à se mettre en relation avec leurs subordonnés. La prise de possession d'un commandement quelconque n'est pas toujours une chose bien simple.

Ce n'était pas tout. En France, avant 1870, on avait la mauvaise habitude de tenir les régiments éloignés de leurs dépôts. Ainsi, il n'était pas rare que des régiments en garnison dans une de nos villes frontières de l'Est, eussent leurs dépôts à Bayonne ou à Perpignan, sur la frontière d'Espagne, c'est-à-dire à l'extrémité opposée du territoire. Comme en cas de mobilisation les conscrits sont tenus de passer par les dépôts, il arrivait donc ceci, que des soldats Lorrains ou Alsaciens qui n'auraient eu que deux pas à faire pour rejoindre leurs régiments casernés à Metz ou à Strasbourg, étaient forcés de se rendre préalablement à Perpignan ou à Bayonne, c'est-à-dire de faire inutilement trois ou quatre cents lieues.

En Prusse, rien de pareil. Le pays était partagé en un certain nombre de régions qui devaient fournir chacune un corps d'armée, et les corps d'armée restaient organisés et pourvus de leurs divers services en temps de paix comme en temps de guerre. Lorsque la guerre survenait, il n'y avait donc qu'à mobiliser, ce qui n'était ni long ni difficile, attendu que chaque corps se recrutait sur un territoire d'étendue très limitée.

Comme armement, par contre, les avantages étaient partagés. Si sous un rapport, celui de l'artillerie, nous étions inférieurs encore aux Prussiens, l'arme de nos fantassins, le fusil Chassepot, était préférable au fusil à aiguille. Il portait plus juste et plus loin. Mais il ne faut pas croire pourtant qu'en 1870, la supériorité des pièces prussiennes fût reconnue partout aussi bien qu'elle l'a été depuis. Nos artilleurs, en effet, tout en reconnaissant leur mérite, faisaient remarquer qu'elles se détérioraient vite et qu'elles étaient très sujettes à éclater. Ils en concluaient qu'elles supporteraient mal l'épreuve d'une campagne tant soit peu longue.

Et ce n'était pas que chez nous, que l'on appréciait mal la puissance de l'artillerie nouvelle. En Autriche où l'on avait eu à faire à elle en 1866, et où par conséquent on aurait dû mieux la juger, on n'était pas d'accord. Si certains officiers étaient partisans des canons d'acier se chargeant par la culasse, d'autres, en plus grand nombre préféraient l'ancien système, celui des canons se chargeant par la bouche, *les canons à faible vitesse initiale, et par suite à trajectoire courbe, permettant mieux, d'après eux, d'atteindre dans toutes les circonstances un ennemi abrité*[1].

Il en était même un peu ainsi en Prusse, où à la vérité, on était d'accord sur le mode de chargement, mais où on était divisé sur le choix de la matière. Parmi les officiers prussiens, les uns voulaient l'acier, les autres le bronze, et ce n'est que parce que ce dernier métal avait contre lui, le roi, que l'acier avait fini par l'emporter.

Sur les deux points essentiels de l'organisation et du nombre, l'armée française était donc inférieure à l'armée prussienne. Il n'y avait que comme armement qu'elle lui fût égale. Était-ce à-dire pour cela que dans la lutte qui allait commencer, nous étions condamnés d'avance, que nous devions fatalement succomber? Oh, non, quoique à dire vrai, les chances ne fussent pas pour nous.

Dans une armée, en effet, le nombre et l'organisation, si importants qu'ils soient, ne sont pas tout; la qualité des troupes, est aussi quelque chose. Une armée peut être inférieure à une autre en effectif, et lui être supérieure en puissance, comme cela s'est

---

1. *Revue militaire de l'Etranger*, du 6 septembre 1874.

vu souvent. Quand Frédéric, pendant la guerre de Sept ans, tenait tête à l'Autriche, à la France et à la Russie, il ne le devait pas à sa supériorité numérique, car ses forces étaient bien inférieures à celles de ses adversaires. Il en était de même en 1814, lorsque Napoléon, avec sa petite armée, manœuvrait entre les masses de Blücher et celles de Schwartzenberg. Mais ils le devaient l'un et l'autre à leur génie, et à la valeur de leurs soldats.

Avant de clore ce chapitre, il n'est donc pas hors de propos d'examiner ce qu'étaient les deux armées au point de vue de la qualité. Mais cette question n'est pas seulement délicate, elle est aussi embarrassante, car on se trouve en face de deux armées qui avaient également donné des preuves de leur puissance et de leur bravoure. Les champs de Crimée et d'Italie témoignaient de notre force, comme les plaines de Bohême, proclamaient celle des Prussiens.

Seulement, il est bon de noter, que dans le million d'hommes dont nous avons parlé plus haut, il n'y avait pas que des Prussiens, qu'il y avait des Allemands des petits États du Nord, des Allemands des États du Sud (Bade, Bavière et Wurtemberg), et qu'il n'est pas possible d'assimiler sous le rapport de la qualité, tous ces Allemands aux Prussiens, car ils n'avaient pas reçu la même éducation militaire.

A l'égard de ceux-ci, aucune hésitation n'est possible. Notre supériorité était incontestable [1].

Restait l'armée prussienne proprement dite, celle qui avait écrasé l'Autriche à Sadowa.

Vis-à-vis de celle-ci, notre supériorité était beaucoup plus discutable, car la façon dont elle s'était comportée en 1866, révélait chez elle l'existence de qualités très sérieuses. Quoiqu'elle n'eût pas paru depuis longtemps sur les champs de bataille, elle s'y était conduite partout avec une bravoure remarquable.

Malgré cela, cependant, et malgré même un certain laisser-aller qui s'était glissé parmi nos troupes vers la fin de l'Empire, si l'on ne considérait dans notre armée que la masse, c'est-à-dire le soldat et les grades inférieurs, on peut dire encore qu'elle] était supérieure à celle des Prussiens et voici pourquoi [2] :

Bien qu'en 1870, nous n'en fussions plus en Algérie à la période de conquête, que celle-ci fût achevée, et qu'aucune résistance sérieuse ne fût plus désormais à craindre, nous n'en étions pas moins

---

1. On peut ajouter que parmi les Allemands du Sud, beaucoup ne marchaient pas volontiers.

2. Les condamnations dans l'armée française, qui étaient de 1 sur 80 en 1835, de 1 sur 133 en 1846, de 1 sur 81 en 1851 et de 1 sur 168 en 1855, étaient remontées à 1 sur 101 en 1865. — *Les Institutions militaires de la France*, par M. Laugel. *Revue des Deux-Mondes*, du 15 avril 1867.

contraints fréquemment de faire la guerre aux Arabes. Tantôt c'étaient des tribus de l'intérieur qui se soulevaient, et que l'on était obligé de réprimer, tantôt des tribus venant du sud ou de l'ouest qu'il fallait repousser. Or, ces expéditions fréquentes ne pouvaient manquer d'avoir leur effet sur la masse des troupes. Habitué à faire campagne, et à vivre au milieu des dangers, le soldat avait acquis sous le feu un sang-froid, et une ténacité extraordinaires. Loin de le décourager, les entreprises périlleuses l'échauffaient et l'entraînaient. Il était aguerri en un mot, plus aguerri que le soldat prussien qui n'avait pas été élevé à pareille école. Il lui était donc probablement supérieur.

Pouvait-on en dire autant de nos officiers? Malheureusement non. Ce n'est pas que ces quarante ans de guerre d'Afrique ne leur eussent pas profité à eux aussi dans une certaine mesure. Tout ce que l'habitude du feu pouvait donner, ils le possédaient complètement. L'officier, chez nous, comme le soldat, était ardent et brave à l'excès. Mais le sang-froid et la bravoure ne constituent jamais que la moitié du bagage de l'officier. La guerre est une science, et une science qui comme beaucoup d'autres marche, se développe et se transforme. Il est donc nécessaire que l'officier suive ces transformations, et qu'il les étudie. S'il ne le fait pas, s'il néglige l'étude, il se trouve bien vite en retard.

C'est ce qui était arrivé vers la fin de l'Empire. Nos officiers étaient en retard sur les officiers prussiens. Accoutumés à se battre en Afrique contre un ennemi brave, mais ignorant qui faisait la guerre comme au moyen âge, ils ne cherchaient pas à s'instruire parce qu'ils n'en sentaient pas la nécessité. Est-ce que depuis trente ans, ils n'étaient toujours, ou à peu près, sortis victorieux de la lutte, et avaient-ils eu besoin pour cela de demander à la science ses lumières? Aussi, en fait de principes, l'officier chez nous, on peut le dire, n'en connaissait bien qu'un, celui d'aller droit à l'ennemi, de ne jamais se laisser intimider, de toujours marcher en avant, et de ne jamais reculer. Tout le reste, à ses yeux, n'était que de la théorie.

Tout cela était fort bien en Afrique, où, nous venons de le voir, les Arabes étaient encore beaucoup plus ignorants que nous. Mais qu'arriverait-il, si nous avions à soutenir un jour une grande guerre en Europe? On était d'autant plus en droit de se le demander qu'à la suite des changements apportés depuis quelques années dans l'armement des troupes, la tactique avait dû subir elle aussi des modifications, et que celles-ci n'avaient pas été suffisamment étudiées par nos officiers.

Pour beaucoup d'entr'eux, par exemple, la charge à la baïonnette était toujours le moyen le plus sûr de décider une affaire, alors que la puissance des feux rend dorénavant la charge presque impossible. Nos guerres d'Afrique avaient donc été une mauvaise école pour notre corps d'officiers. Sous le rapport de l'instruction, il était, on est forcé de le reconnaître, inférieur à celui des Prussiens.

Enfin, chose extraordinaire, qui semble paradoxale au premier abord et qui pourtant est absolument exacte, ces guerres d'Afrique, qui avaient donné à notre infanterie tant d'aplomb et de hardiesse, avaient rendu notre cavalerie timide, et nous allons tout de suite dire comment.

La cavalerie, on le sait, a deux missions bien distinctes et toutes les deux fort importantes ; la première, de précéder l'armée et de l'éclairer, afin de lui permettre de se déployer en sécurité derrière elle comme derrière un rideau ; la seconde, de charger les jours de bataille.

Or, en Algérie, nous avions devant nous une cavalerie tellement supérieure en nombre, et qui se servait avec tant d'habileté du fusil, que la nôtre avait dû renoncer à éclairer les troupes, et on avait été amené ainsi à la faire marcher côte à côte avec l'infanterie. Les jours de combat, nos cavaliers s'enfermaient dans un carré et n'en sortaient que pour charger.

En Algérie, encore une fois, cela était très bien, puisqu'il n'était guère possible de faire autrement ; mais l'effet de ces méthodes vicieuses n'était pas

moins détestable, car nos cavaliers, en prenant
l'habitude de marcher avec l'infanterie, finissaient
par perdre tout esprit d'initiative et par devenir
timides ; timides non pas pour *jouer du sabre*, suivant l'expression du maréchal de Mac-Mahon, mais
pour protéger l'armée et l'éclairer sur le théâtre des
opérations. Ils n'osaient plus se jeter hardiment en
avant, comme le faisaient jadis les escadrons de
Murat, qui se tenaient toujours à huit ou dix lieues
en avant des colonnes et quelquefois plus [1].

De son double rôle, en un mot, notre cavalerie
avait oublié la première partie, pour ne retenir que
la seconde. Mais de celle-là certainement elle s'en
souvenait, comme il nous sera bientôt donné d'en
fournir la preuve.

---

[1]. Allocution du maréchal de Mac-Mahon aux lieutenants-ins-
tructeurs de Saumur. — Voir la pièce nº 6.

MOBILISATION ET CONCENTRATION

THÉATRES D'OPÉRATIONS

CHAPITRE III

Mobilisation et Concentration. — Théâtres d'opérations.

Les préparatifs militaires après le 15 juillet. — Appel des réserves dans les deux pays. — Idées générales sur la mobilisation et la concentration. — Lignes ferrées qui, en France, conduisaient à la frontière. — Causes multiples qui engendrèrent le retard. — Pysionomie de Paris pendant le départ des troupes. — La France voulait-elle la guerre? Courte discussion sur ce point. — Efforts impuissants du major-général et du ministre de la guerre pour hâter notre organisation. — Théâtre éventuel des opérations offensives des Français. — Avantage qu'ils auraient à se presser. — La déclaration de guerre devient officielle. — La mobilisation en Prusse et la manière dont elle s'accomplit. — Concentration de l'armée allemande. — Lignes ferrées qui, de l'intérieur de l'Allemagne, conduisaient au Rhin et au-delà du Rhin. — Degré d'avancement des transports au commencement d'août 1870. — Théâtre éventuel des opérations militaires des Prussiens, et description du grand triangle stratégique formé par la frontière franco-allemande et Paris. — Pysionomie de la partie orientale de ce triangle. — Physionomie de la partie occidentale. — Considérations sur la force de notre frontière de l'Est et sur les obstacles de tout genre que nous pourrions opposer à une attaque partie de ce côté. — Cette frontière est très forte, mais elle a un défaut capital. — Avantage qu'ont les Prussiens à opérer par l'espace ouvert qui règne entre Rhin et Moselle. — Les Prussiens prendront-ils l'offensive? — Bruits divers qui courent à ce sujet. — Combat de Sarrebruck. — Signification qu'il paraît avoir. — Inquiétude des Prussiens à la nouvelle de cette affaire. — Notre inaction les rassure. — Portée réelle de ce petit combat.

Après la séance du 15 juillet dans laquelle le ministère avait annoncé aux Chambres que les réserves allaient être rappelées, la lutte était devenue imminente. Quelques optimistes parlaient bien encore d'une médiation des puissances; mais la chose paraissait si peu probable, et les événements marchaient si vite, que personne n'y croyait. Les préparatifs militaires s'étalant maintenant au grand jour, à Paris comme à Berlin, on s'attendait bien plutôt à apprendre que l'état de guerre était devenu officiel.

A Berlin l'ordre de mobiliser l'armée fut lancé dans la nuit du 15 au 16, et à Paris où on avait escompté, sans doute, l'effet de la déclaration ministérielle, une résolution analogue avait été prise le 14 dans la soirée. En France dès le 16, les mouvements de troupes commencèrent.

Mais avant de dire comment ils furent exécutés, il n'est peut-être pas hors de propos d'expliquer en quelques mots en quoi consiste la mobilisation.

Lorsqu'un Etat est obligé de faire la guerre, les opérations militaires proprement dites sont précédées de deux autres opérations, la mobilisation et la concentration.

La mobilisation est l'ensemble des mesures destinées à faire passer l'armée du pied de paix au pied de guerre. L'appel des hommes de la réserve et leur incorporation en constituent la partie principale.

La concentration est la réunion des troupes dans la région d'où elles partiront ensuite pour commencer la campagne si elles prennent l'offensive, ou bien où elles attendront l'ennemi si elles gardent la défensive.

En règle générale, on mobilise l'armée avant de la concentrer, parce que si on fait le contraire, la mobilisation risque d'être laborieuse et confuse. Comment, en effet, diriger avec précision les réserves sur des régiments qui sont déjà en marche, et qui par suite changent de place à chaque instant? Il n'y a guère qu'un cas, où l'on procède différemment, c'est lorsqu'on fait dépendre l'issue de la lutte du sort des premières rencontres. Alors il peut être utile de ne pas attendre que les bataillons aient atteint le pied de guerre. Mais il est de toute nécessité dans ce cas, que l'armée en arrivant à la frontière puisse agir immédiatement. Si elle est trop mal constituée, ou trop mal approvisionnée pour cela, c'est en pure perte qu'on se sera mis sur les bras les embarras d'une mobilisation anormale.

Or, il paraît que le maréchal Le Bœuf n'avait pas assez mûrement réfléchi à tout cela; il porta l'armée à la frontière avant de l'avoir mobilisée, et arrivé là, il ne put ou ne sut pas prendre l'offensive, ce qui nous créa, dès le début, une situation difficile. Mais n'anticipons pas sur les événements, et voyons comment s'effectua notre concentration.

Cinq lignes principales de chemins de fer conduisaient à la frontière :

1° La grande ligne de Paris à Metz et Strasbourg par Châlons;

2° Celle de Paris à Mulhouse par Troyes;

3° Celle de Paris à Belfort par Dijon;

4° Celle de Marseille à Belfort aussi par Lyon, celle-ci ayant une petite section commune avec la précédente;

5° Enfin, celle de Lille à Thionville par Cambrai et les Ardennes.

La ligne de Strasbourg fut affectée au transport des régiments de la région de Paris, et de ceux venant de Normandie, de Bretagne et du Sud-Ouest.

Les trois lignes de Mulhouse et de Belfort aux régiments partis d'Algérie, du Centre et du Sud-Est.

Et celle des Ardennes aux régiments en garnison dans le Nord [1].

Ces cinq lignes, par leurs ramifications et leurs

---

1. On allait aussi directement de Paris à Thionville par la gare du Nord; mais comme cette ligne se confondait sur une grande partie de son parcours avec celle des Ardennes, on ne peut pas la considérer comme une voie distincte.

prolongements embrassaient toute l'étendue du territoire. Il s'agissait de les utiliser le mieux possible pour le transport de l'armée.

Comme la question avait été soigneusement étudiée l'année précédente, par une commission nommée par le maréchal Niel, la chose paraissait toute simple. N'y avait-il pas qu'à se reporter aux études de celle-ci, et à suivre les propositions qu'elle avait soumises au ministre?

Le 16, on se mit donc à l'œuvre plein d'ardeur et d'espérance. Nous croyions savoir que les Prussiens étaient un peu en retard sur nous, et nous tenions à conserver cette avance. Mais on ne tarda pas à sentir que l'opération serait plus laborieuse qu'on ne l'avait cru. Bientôt les gares s'encombrèrent, le désordre s'y introduisit, et la besogne n'avança qu'au prix des plus grands efforts. Qu'y avait-il donc?

Il y avait tout simplement, que l'on oubliait les travaux de la commission de 1869, et que l'on abordait cette question si difficile, si compliquée des transports à l'aventure et sans programme arrêté[1]. Dès lors il n'était pas étonnant que l'on se heurtât à chaque pas à des obstacles imprévus.

A la vérité, avec le parti qu'on avait pris de se

____

1. Jacqmin. *Les chemins de fer pendant la guerre de 1870.* p. 48.

mettre en route avant d'être au complet, il n'était pas toujours facile de se conformer aux règles posées par la commission. Ainsi, par exemple, celle-ci recommandait d'adopter pour les trains une formation uniforme, de les faire tous égaux, et d'emporter chaque fois une unité tactique équivalente (bataillon, escadron ou batterie). Or, avec des régiments de quinze ou seize cents hommes au plus, comment affecter un convoi particulier à chaque bataillon ? On aurait évidemment perdu du temps, en portant trop peu de monde à la fois.

Mais, pourtant, parmi ces prescriptions, il y en avait, et plus d'une, qui, en l'état, étaient encore applicables, et qu'il était profitable d'observer. Celles relatives à la création de commissions spéciales, chargés de diriger les transports de l'armée en cas de guerre, étaient de ce nombre. L'utilité de ces commissions était évidente; par leur composition où devaient entrer à la fois des militaires et des ingénieurs attachés aux compagnies, elles pouvaient seules assurer une exécution satisfaisante de ces transports. Cependant qu'avait fait à cet égard le maréchal Le Bœuf en arrivant au ministère? Il n'avait rien fait du tout. Lorsque la guerre survint, aucune de ces commissions n'existait ; et comme si les études de 1869 avaient daté d'un siècle, on ne se demanda même pas si au dernier moment on ne pourrait pas encore en instituer.

La conséquence de ce triste état dé choses était fatale. Bientôt la confusion se produisit dans les gares, et avec elle des à-coups et des retards.

Mais ce n'est pas dans les premiers jours que se fit le plus sentir le défaut de commissions. En dix jours, la Compagnie de l'Est, dont le zèle en cette circonstance ne saurait être trop loué, porta à la frontière près de 200,000 hommes [1].

Ce fut lorsque les réservistes commencèrent à quitter les dépôts pour rejoindre les bataillons actifs. Alors, les fautes du ministre de la guerre se revélèrent dans tout leur éclat.

Parmi les réservistes, il y en avait assurément un grand nombre, qui ne demandaient qu'à rejoindre au plus vite pour être à leur place à l'ouverture des hostilités. Mais il y en avait aussi chez qui le sentiment du devoir était moins vif, et qui trouvaient toujours le moyen de s'égarer en route, ou de perdre les sous-officiers avec qui ils marchaient. Ceux-là s'arrêtaient dans les gares, principalement dans celles où il y avait des buffets provisoires, établis par des personnes généreuses, et y restaient tant qu'ils pouvaient. Lorsque leur séjour sur un point devenait trop difficile, alors ils songeaient à se rem-

---

1. Chiffre exact, 186,620 hommes et, en outre, 32,410 chevaux, 3,160 canons ou voitures, et 995 wagons de munitions. — Jacqmin. *Les chemins de fer pendant la guerre.*

barquer. Mais il arrivait souvent qu'ils n'allaient pas bien loin, et qu'ils redescendaient à la ville voisine. Sur tous ces individus, l'autorité des agents civils des compagnies était absolument impuissante [1].

Eh bien, s'il y avait eu en ce moment, dans chaque station un peu importante, à côté du chef de gare, un représentant du ministre de la guerre, qui eut droit de surveillance et de commandement sur les troupes de passage, cette situation affligeante n'aurait pas pu se produire, ou du moins se prolonger. Cet agent (commandant d'étape chez les Prussiens), aurait coupé court aux actes d'indiscipline, et si son autorité morale avait été impuissante, quelques exemples de rigueur auraient promptement tout fait rentrer dans l'ordre.

Malheureusement, ainsi que nous l'avons dit, rien n'avait été fait dans ce sens.

Le retard que notre mobilisation éprouva de ce chef, fut considérable. D'après les calculs du maréchal Le Bœuf, celle-ci devait se faire en quinze

---

1. M. Jacqmin, dont le témoignage fait foi en pareille matière, dit, p. 118 (nous citons textuellement) : *Les soldats isolés ont constitué de suite une masse flottante, errant sur les chemins, vivant dans les buffets improvisés dans les gares aux frais et par les soins de personnes bienveillantes, et ne retrouvant jamais leur corps* — Jacqmin. *Les chemins de fer pendant la guerre de 1870*, pp. 115 à 118.

jours [1] ; elle dura un mois [2], ce qui fit, qu'à l'ouverture du feu, notre armée, déjà trop peu nombreuse, ne se trouva même pas au complet.

Cependant cette situation avait complètement échappé au public en France. A part quelques hommes compétents, qui dès le début avaient prévu une partie des embarras dont nous venons de parler, tout le monde regardait le prompt départ de nos troupes comme un indice de la vigueur avec laquelle les opérations seraient menées. Le maréchal Le Bœuf avait dit quelque part que nous avions vingt-quatre heures d'avance sur les Prussiens. Or, s'il en était ainsi, le meilleur moyen de conserver cette avance, n'était-il pas de se mettre en route au plus vite, de partir sur-le-champ ? [3].

La satisfaction fut donc générale à Paris, lorsque le 16 on apprit que le jour même plusieurs régiments devaient s'embarquer. La foule envahit de

----

1. Le défaut de commissions militaires ne fut pas la seule cause de ce retard. Il paraît que dans les départements, certains maires délivrèrent par faiblesse, à des réservistes bien portants, des certificats pour les faire entrer dans les hôpitaux. — *Enquête sur le gouvernement de la Défense nationale.* Déposition du maréchal Le Bœuf.

2. Le *Spectateur militaire* du 15 décembre 1871 : *Les Responsables de la guerre.*

3. Le public croyait que les régiments, une fois arrivés en Lorraine, n'avaient qu'à charger leurs armes et à passer la frontière. Il ne savait pas que l'armée n'était pas organisée en temps de paix et que cette organisation était par conséquent à faire.

bonne heure les abords des casernes, et témoigna partout à l'armée les plus chaudes sympathies. Sur les boulevards les démonstrations prirent un caractère vraiment grandiose. Là, les spectateurs se comptaient par centaines de mille, les bataillons se suivaient presque sans interruption. Dès qu'un régiment nouveau s'avançait, la population l'acclamait; puis on chantait en chœur les couplets à moitié oubliés d'André Chénier et de Rouget de l'Isle. Ces chants mêlés aux hurras de la foule, et aux airs entraînants que ne manquaient pas de jouer les musiques militaires, produisaient un effet saisissant.

Enfin sur les boulevards comme partout ailleurs, on parlait des choses de la guerre. Mais il n'était pas possible de rester calme, au milieu de ces scènes émouvantes, et alors l'imagination travaillait, et l'on croyait assister déjà aux luttes gigantesques de nos armes, à leur triomphe et parfois aussi à leur défaite; car la défaite, bien qu'absolument improbable, était pourtant possible.

Voilà le spectacle que présenta Paris, pendant toute la semaine qui suivit le 15 juillet.

On a contesté la sincérité de ces démonstrations, on a prétendu qu'elles étaient organisées par la police. Mais nous n'en croyons rien, car si la police peut embrigader quelques centaines d'individus, et

leur faire faire du tapage, elle ne peut pas en enré-
gimenter cent mille.

Que le Gouvernement ait eu une part dans les
démonstrations qui eurent lieu avant la déclaration
de guerre, pendant les négociations d'Ems, cela à la
rigueur, peut se soutenir, attendu que ces manifesta-
tions n'étaient exécutées que par un nombre restreint
d'individus. Mais quant à celles qui présidèrent au
départ de l'armée, nous le répétons, la chose nous
paraît tout à fait invraisemblables. On ne tient pas
dans la main toute une population, surtout une population aussi nombreuse et aussi indépendante que
celle de Paris.

Du reste, ce n'est pas qu'à Paris qu'on rencontrait
ces dispositions belliqueuses. On les retrouvait dans
les départements, et notamment dans les provinces
limitrophes de la Prusse, où pourtant on était plus
exposé qu'ailleurs à souffrir des éventualités de la
guerre[1]. Fidèles en cela à leur passé glorieux, et à la
tradition guerrière qui les représentaient comme les
boulevards de la France contre l'étranger, ces provinces laissaient éclater de toutes parts leurs sentiments patriotiques. Elles ne s'occupaient pas de politique en ce moment. Elles ne se demandaient pas si
la guerre aurait pu être évitée ou non. Elles compre-

---

1. Voir le *Journal des Débats* du 18 juillet 1870.

naient que la question n'était plus là, et qu'il n'y avait plus qu'une chose à voir : si nous irions en Prusse ou si les Prussiens viendraient à Paris.

Il n'est donc pas exact de soutenir, comme on l'a fait, que notre nation repoussait absolument la guerre.

Est-ce à dire pour cela que la France la désirait, la voulait à tout prix, et que son attitude ait forcé la main au gouvernement ? Pas davantage. Mais entre ces deux affirmations extrêmes, on peut, ce nous semble, en placer une troisième qui est plus juste, et dire avec le correspondant d'un des journaux les plus estimés de l'opposition sous l'Empire, que l'opinion était bonne partout, et que « *les plus paisibles acceptaient l'occasion d'en finir*[1]. » En finir avec la Prusse, voilà bien ce que l'on voulait en France. La France acceptait cette occasion, parce qu'elle était fatiguée d'une situation que le mauvais vouloir des Prussiens rendait insupportable.

Mais passons sur ce point controversé, et revenons à notre sujet.

L'acheminement à la frontière, des troupes formant la partie permanente de l'armée active, s'effectua, comme on l'a vu, assez vite, puisqu'en dix jours nos chemins de fer y portèrent près de deux cent

---

1. *Le Temps,* numéro du 19 juillet 1870.

mille hommes avec leur matériel. Ce qui marcha beaucoup moins bien, ce fut leur groupement. Leur approvisionnement en objets et ustensiles de campagne souleva aussi mille difficultés. Ici c'est un général qui arrive en Alsace, et qui, désespérant de mettre la main sur ses troupes, télégraphie au ministre : « *Suis arrivé à Belfort, pas trouvé ma brigade, pas trouvé général de division, que dois-je faire? Sais pas où sont mes régiments*[1]. » Là ce sont des intendants qui, faute de soldats du train, ou d'ouvriers d'administration, se plaignent de ne pouvoir rien constituer ; là, enfin, des généraux qui ne peuvent marcher parce qu'ils n'ont pas de bidons ou de gamelles, ou parce qu'ils manquent d'ambulances ou de biscuits. Au milieu de ce chaos, le ministre et le major-général font de grands efforts pour se reconnaître et pour parer au plus pressé. Mais leur action est insuffisante ; pour une demande qui reçoit satisfaction, dix restent en souffrance. Le vice originel de notre organisation et le manque de préparation dominent tout. Et puis, on se laisse embarrasser à Metz par des questions qui auraient dû être résolues depuis longtemps. A la fin de juillet, on est encore à se demander si, pour nourrir l'armée, il faut se

______

1. Dépêche du général Michel au ministre de la guerre.

servir de fours de campagne, ou faire venir le pain
de la manutention de Paris[1].

Pourtant il serait temps que cet imbroglio finît,
s'il est vrai que l'on a toujours la prétention de
prendre l'offensive. Les Prussiens, comme la campagne de 1866 le montre, ne se résoudront à la défensive que si nous les devançons sur le théâtre des
opérations. Il faudrait donc se hâter d'agir, si nous
ne voulons pas les voir bientôt nous aborder en Lorraine.

Il y avait pour l'armée française, en supposant
qu'elle attaquât, deux manières d'opérer. Le théâtre
de nos opérations, comprenant tout le pays situé
entre la frontière du Nord-Est et Berlin, elle pouvait
soit franchir vivement le Rhin, pour se jeter entre
les forces prussiennes et celles des Etats du Sud ;
soit procéder plus méthodiquement, et se porter sur
le Rhin inférieur par le Palatinat et la vallée de la
Nahe[2]. En passant le fleuve de prime abord, on
obtenait des résultats plus décisifs. Mais une des
conditions indispensables du succès, était que l'on
fût en état de marcher avant les Prussiens, que l'on

---

1. Voir aux documents annexés, les pièces n°ˢ 7, 8, 9, 10, 11,
12, 13, 14, 15, tirées des *Papiers et Correspondances de la famille impériale.*

2. Voir la carte n° 1.

eût sur eux une avance certaine. Or, à la fin de juillet, il était déjà peut-être un peu tard pour entreprendre une opération aussi hardie.

Restait donc le deuxième procédé qui consistait à viser d'abord Mayence, et à ne passer le Rhin que plus tard, lorsqu'on aurait obtenu un avantage déterminé. Mais, même dans ce cas, il était bon d'agir de suite, si l'on tenait à traverser sans de trop grandes difficultés la région montagneuse qui nous séparait de ce premier objectif. En s'attardant encore un peu, on était sûr d'y trouver l'armée prussienne qui nous barrerait la route, et qu'il nous faudrait culbuter. Or, une rencontre en ce pays paraissait plus avantageuse aux Prussiens qu'à nous, à cause des fortes positions défensives qu'elle présente.

C'était, par conséquent, à nous de nous presser, afin de nous procurer cette rencontre le plus loin possible, aux environs de Mayence, par exemple, dans tous les cas, au-delà de Kaiserslautern et des monts. L'armée prussienne était d'ailleurs capable de prendre l'offensive beaucoup mieux qu'on n'affectait de le dire alors, et on va en juger.

Pendant que le maréchal Le Bœuf débutait avec si peu de bonheur dans les opérations préliminaires de la campagne, la déclaration de guerre était devenue officielle. Le 19 juillet, M. Le Sourd, notre secrétaire d'ambassade à Berlin, se rendit chez M. de Bismarck,

et lui laissa une pièce dans laquelle il était dit que le
roi de Prusse ayant refusé de prendre un engagement vis-à-vis du prince Léopold, et ayant en outre
fait publier avec ostentation par les journaux prussiens qu'il avait refusé de recevoir l'ambassadeur
français, la France se croyait atteinte dans son honneur et dans ses intérêts, et se considérait dès lors
comme étant en état de guerre avec la Prusse[1].

Mais M. de Moltke n'avait pas attendu ce dernier
acte de la diplomatie, pour se mettre lui aussi en
mouvement. L'ordre de mobilisation fut lancé, nous
l'avons dit, dans la nuit du 15 au 16[2]. Si l'on veut
avoir une idée de la manière dont il fut exécuté, il
faut se rappeler que la Prusse se divise en un certain
nombre de régions, qui doivent fournir chacune
un corps d'armée, que chaque corps se mobilise séparément, et qu'en outre, chaque région se subdi-
vise en districts, dits districts de bataillon où
résident les commandants chargés de tenir constamment à jour la liste des hommes soumis au service.
Il y a un commandant par district, et ce sont eux

---

1. Voir, aux documents annexés, le texte de la déclaration de
guerre, que nous reproduisons en entier, non en raison de son importance, mais à titre de curiosité; les pièces de ce genre étant
assez rares dans les livres d'histoire. — Pièce n° 16.

2. *La guerre franco-allemande*, par l'état-major prussien.
Traduction du commandant Costa de Serda, 1ᵉʳ vol., p. 17.

qui en cas d'appel doivent préparer les bulletins de convocation.

Cela dit, voici comment les choses se passèrent :

Aussitôt après que, dans la journée du 16, les commandants eurent reçu l'ordre lancé de Berlin, ils commencèrent leur travail, car dans le délai total de mobilisation, qui était fixé à sept jours, deux jours seulement leur étaient accordés pour l'achever. Or, deux jours c'était bien peu, si l'on considère, et le grand nombre d'hommes à convoquer, et la diversité des mentions qui devaient figurer sur chaque bulletin. En effet, ni les jours, ni les lieux de réunion n'étaient les mêmes pour tous les hommes.

Cependant, à l'heure indiquée, tous les ordres de convocation furent prêts, et il n'y eut plus à s'occuper que de les faire remettre aux destinataires. Les landraths (sous-préfets) à qui incombait cette tâche avaient été invités par l'autorité militaire d'avoir à prendre d'avance toutes les mesures nécessaires pour leur prompte expédition. A cet effet, ils avaient retenu des estaffettes à cheval qui, dès le deuxième jour, attendaient, le pied à l'étrier, la remise desdits ordres. Lorsque ceux-ci les reçurent des mains des landraths, ils partirent au galop, et les portèrent dans tous les villages environnants, où d'autres estafettes nommés par les bourgmestres (maires) les attendaient, et les remirent sur-le-champ à domicile[1].

De cette façon la partie la plus importante de la mobilisation s'effectua en Prusse avec une célérité remarquable; et il faut croire qu'il en fût de même pour tout le reste, car s'il n'est pas bien prouvé que cette opération fut terminée le septième jour, c'est-à-dire le 23 juillet, il est au moins avéré qu'elle le fut le 26. Ce jour-là le commandant du VIIIe corps (Prusse Rhénane), annonça au roi Guillaume que l'incorporation de ses réserves était achevée. Or, dans cette région les opérations avaient été un peu entravées par le voisinage des Français[2].

La concentration commença le 24.

Pour l'effectuer, M. de Moltke disposait de quatre voies ferrées qui se prolongeaient au-delà du Rhin, et de cinq autres qui s'arrêtaient sur les bords du fleuve.

C'étaient : 1° en partant du nord, la voie de Munster à Trèves par Cologne, qui n'était pas encore entièrement achevée, et s'arrêtait à Call;

2° Celle de Berlin à Neunkirchen par Cologne Hanovre et Magdebourg;

---

1. *Revue militaire de l'Etranger* des 11 juill t 1872 et 1er janvier 1873.

2. *La guerre franco-allemande*, 1er vol., p. 82.

3° Celle de Berlin à Hombourg par Halle, Cassel, Francfort et Mannheim;

4° Celle de Posen à Landau par Gorlitz, Dresde, Leipzig, Wurzbourg et Mayence.

Les cinq lignes qui s'arrêtaient sur les bords du Rhin étaient celles de Leipzig à Mosbach (près Mayence), par Wetzlar et Paderborn, de Dresde à Castel (Mayence), par Géra, d'Augsbourg à Bruchsal par Ulm, de Nordlingen à Meckeshein et de Wurzbourg à Heidelberg.

Toutes ces lignes n'étaient pas ce que l'on pourrait appeler des lignes directes et indépendantes, car elles faisaient souvent de grands détours et empiétaient les unes sur les autres. En outre, comme elles se composaient généralement de sections appartenant à des sociétés différentes, elles ne paraissaient pas très propres au transport rapide de grandes masses.

Mais si les Prussiens n'avaient voulu se servir que de voies directes, ils se seraient privés d'une bonne partie de leurs moyens d'action, et quant à l'inconvénient résultant de ce que les lignes appartenaient à des compagnies diverses, ils y remédièrent comme il suit :

Longtemps à l'avance, ils avaient créé des commissions militaires dans le genre de celles que le maréchal Niel aurait voulu voir fonctionner en

France[1]. Ils avaient donné à ces commissions une instruction technique suffisante pour qu'au besoin elles pussent prendre la direction des chemins de fer. Ensuite faisant abstraction du nombre des compagnies propriétaires qui existaient, ils avaient fondu tout le réseau allemand en un petit nombre de grandes lignes, à la tête de chacune desquelles devait être placée une commission. Lorsque la guerre fut décidée, on n'eût donc plus qu'à installer ces commissions militaires à la place des administrations civiles. L'unité de direction, qui semblait impossible, fut ainsi réalisée d'un coup, avec la plus grande facilité.

Cette organisation donna des résultats magnifiques. La concentration, on l'a vu, avait commencé le 24 juillet. Dès les premiers jours d'août une quantité considérable de troupes venues de tous les points de l'Allemagne débarquaient dans la Prusse Rhénane et le Palatinat, d'où elles se portaient ensuite vers la frontière. Les unes descendant du nord semblaient viser un point tel que Sarrelouis ou Neunkirchen ; d'autres parties de l'est paraissaient appartenir à un gros rassemblement qui se formait entre Rastadt,

---

1. Jacqmin. *Les chemins de fer pendant la guerre*, p. 30.
Le maréchal voulait une commission centrale à Paris et une sous-commission pour chaque réseau.

Landau et Germersheim[1]; seul l'intervalle compris
entre Neunkirchen et Landau était encore vide.
Mais tout faisait présumer qu'il n'en serait bientôt
plus ainsi, car à mesure que de Neunkirchen on
s'élevait au nord, on se heurtait à des petits détachements qui ne pouvaient être que les avant-gardes
d'une troisième armée destinée à relier les deux
autres.

Au commencement d'août, le moment où l'armée
allemande pourrait entrer en ligne était donc proche.

Le théâtre d'opérations des Prussiens était naturellement inverse du nôtre. Il était représenté par
le grand triangle que la frontière franco-allemande
formait avec Paris. L'Argonne et les monts de la
Meuse qui le partagent en deux portions sensiblement égales, font partie d'un chaînon qui se détache
du plateau de Langres et court du sud-est au nord-
ouest jusqu'aux collines de l'Artois et aux sources
de l'Escaut[2]. Cette chaîne, de hauteur médiocre,
n'est pas à beaucoup près la plus considérable de la
région; mais sa position entre les eaux du Rhin et
celles de la Seine, lui donne, dans l'hypothèse d'une
armée en marche sur notre capitale, une importance

----

1. Voir la carte n° 1.
2. Voir la carte n° 1.

particulière. Elle ferme, en effet, les vallées de l'Aisne et de la Marne, qui descendent vers Paris ; tout comme le Rhin est la première barrière naturelle de la France contre l'Allemagne, celle-ci en est la dernière. Dès que la défense l'abandonne, Paris se trouve menacé.

La Meuse, l'affluent le plus considérable du Rhin, part aussi du plateau de Langres, baigne le pied de l'Argonne, à qui elle sert pour ainsi dire de fossé, et passe à Verdun et à Sedan. Un peu au-dessous de Vaucouleurs, elle se rapproche tellement de la Moselle, que l'étroit intervalle qui les sépare, est comblé entièrement par une seconde chaîne, connue aussi sous le nom d'Argonne, mais que pour distinguer de la première, on appelle Argonne orientale. Du reste, ces deux chaînes sont tellement voisines l'une de l'autre, en beaucoup d'endroits, qu'elles paraissent ne former qu'un seul massif arrosé dans le sens de sa longueur par la Meuse.

A l'est de l'Argonne orientale, coule la Moselle qui vient des Vosges, comme ses grands affluents la Meurthe et la Sarre, et passe à Toul, à Metz et à Thionville. Elle a un troisième affluent, la Seille, moins considérable que les deux autres, mais qu'il faut mentionner parce qu'elle va s'emboucher à Metz. La Seille sort de l'étang du Lindre près de Marsal.

Le pays qui s'étend de l'Argonne aux sources de la Moselle, de la Meurthe et de la Sarre, c'est notre

ancienne province de Lorraine, pays montueux,
boisé et séparé de l'Alsace par le grand massif des
Vosges, sur lequel nous allons donner quelques détails à cause de son importance.

Les Vosges commencent au ballon d'Alsace, vers
l'extrémité orientale des monts Faucilles, et courent
droit au Nord, pour aller mourir hors de France, entre
Mayence et Coblentz. Dans leur partie méridionale,
elles possèdent des sommets remarquables, le ballon
de Guebwiller qui a 1,431 mètres, le Pigeonnier, le
Spitzberg, le Hengst, le Bonhomme et le Donon, qui
en a encore 1,010[1]. Mais à partir du Donon, elles
s'abaissent rapidement; au col de Saverne, elles
n'ont déjà plus que 600 mètres, et 400 seulement à
la hauteur de Bitche[2].

De là une différence complète, au point de vue
des voies de communication, entre les Vosges du
nord et celles du sud. Dans la partie nord, les communications entre les deux versants étant faciles à
cause de l'abaissement des sommets, les routes y
sont belles et nombreuses. Telles sont les routes de
Nancy à Strasbourg, par le col de Saverne, de Haguenau à Saar-Union par Petite-Pierre, et enfin, les

---

1. Lavallée. *Géographie physique, politique et militaire.* —
Bescherelle. *Dictionnaire géographique.*
2. Voir la carte nº **1.**

deux routes de Sarreguemines à Haguenau par le
col de Bitche et Lichtemberg [1].

Dans la partie sud, au contraire, le terrain étant
souvent escarpé, inaccessible même, les communications y sont rares. On n'y rencontre guère que la
route d'Epinal à Mulhouse par le col de Bussang,
puis celle de Saint-Dié à Schlestadt et Colmar, par
le défilé de Sainte-Marie-aux-Mines, et le col du
Bonhomme. Encore ces voies sont-elles impratica-
bles aux grosses colonnes d'une armée. Celle de
Saint-Dié à Strasbourg par le col de Schirmeck, n'est
pas beaucoup plus commode.

Ensuite, comme structure générale, les Vosges
présentent une particularité; elles s'abaissent doucement du côté de la Lorraine, et rapidement du
côté opposé. Cette circonstance fait qu'à l'ouest, le
pied de la chaîne indécis, se confond avec le terrain
montueux de la haute Lorraine, tandis qu'à l'est
il finit brusquement pour se transformer en une
vallée magnifique, baignée par une multitude de
petits cours d'eau, de canaux et un grand fleuve.
Cette vallée enrichie par la nature, plus encore que
par l'industrie de ses habitants, c'est le beau pays
d'Alsace, et le grand cours d'eau qui l'arrose, le Rhin,
fleuve large et profond qui sort des montagnes de

---

1. Voir les cartes nᵒˢ 1 et 2.

Suisse pour aller se perdre au nord, en Hollande, dans les mers du nord. De Bâle à la Lauter, le Rhin sert ou plutôt servait en 1870, de frontière entre la France et l'Allemagne ; mais depuis, la Lauter, il ne traversait que des pays allemands sur les deux rives, les provinces rhénanes et le Palatinat, sur la rive gauche, étant depuis 1815 des dépendances de la Prusse et de la Bavière. Les principaux affluents du Rhin en Alsace sont l'Ill, la Lauter, l'Ebersbach, la Moder et la Zorn.

Quant à l'Alsace elle-même, pays plat et fertile par excellence, sa physionomie est celle de tous les pays de ce genre. Les routes de terre, les voies de fer, les canaux et les rivières y étant partout en grand nombre, l'agriculture et le commerce y fleurissent également. Autrefois elle possédait des bois immenses, hantés par les bœufs sauvages et les ours. Aujourd'hui tous ces bois ont à peu près disparu, et dans la plaine longue de quarante lieues qui se développe de Lauterbourg à Mulhouse, on ne rencontre plus guère que deux ou trois forêts importantes. Citons dans le nord celle de Haguenau, et celle de la Haardt dans le sud.

La partie orientale du grand triangle stratégique qui a Paris pour sommet est donc plate en Alsace, montueuse en Lorraine et très montagneuse dans les Vosges.

A l'ouest de l'Argonne le terrain est moins varié. Cette partie du triangle comprend les bassins secondaires de l'Oise et de la Marne, plus la portion nord du bassin particulier de la Seine. Nulle part on n'y rencontre aucune hauteur qui ressemble même de loin au grand massif des Vosges. Les montagnes sont représentées ici par des collines, et encore celles-ci sont-elles rares.

La Seine et la Marne coulent toutes les deux de l'est à l'ouest. L'Oise part des Ardennes, c'est-à-dire du nord, et coule du nord au sud ; mais si l'on considère l'Aisne, qui vient de l'est, comme le prolongement de l'Oise, ce qui est permis, on trouve :

Premièrement que ces trois cours d'eau suivent une direction identique, la direction de Paris.

Secondement qu'ils partagent la région en deux zones semblables quoique d'une grandeur différente.

Le pays compris entre la Seine et la Marne est généralement plat et uni, excepté dans le voisinage de Paris et du côté du plateau de Langres, où il devient plus accidenté. Dans ces plaines sans fin de la Champagne, c'est à peine si l'on observe par ci par là quelques hauteurs assez bien dessinées. Les plus importantes sont celles qui courent d'Étoges à Villenoxe par Pont-Saint-Prix et Sézanne.

La zone comprise entre la Marne et l'Oise, prolongée par l'Aisne, n'a guère plus de relief. Elle n'a elle aussi qu'une seule série de collines accentuées.

Ce sont celles qui vont d'Epernay à Laon par Béry-
au-Bac[1].

Cette esquisse quoique incomplète va nous permettre de nous faire une idée de la valeur de notre
frontière, et des difficultés qu'une armée allemande
en marche sur Paris devait rencontrer.

Au premier aspect, cette frontière paraissait inexpugnable. L'art et la nature avaient tant fait pour
elle que du côté du Rhin, elle n'avait pas de point
réellement faible. Où trouver un abri plus sûr, que
celui de ce grand fleuve, alors qu'il était défendu en
première ligne par Neuf-Brisach et Strasbourg, soutenu en seconde ligne par Schelestadt et Belfort. Et
puis le Rhin n'était pas seul; derrière lui il avait les
Vosges. Or, les Vosges, nous l'avons vu, sont impra-
ticables aux grosses colonnes dans toute leur partie
sud; et dans leur partie nord, où elles deviennent
plus abordables, elles sont garnies de postes fortifiés.
Phalsbourg, Petite-Pierre, Litchtenberg et Bitche en
commandent les principaux passages. L'armée qui
aurait franchi le Rhin en Alsace, eut donc été comme
l'assiégeant qui vient de passer le fossé d'une place,
il lui restait à gravir le rempart.

-----

1. Lavallée. *Géographie physique, politique et militaire,*
p. 150, 151, 152, 153.

Avant 1870, on pouvait faire une autre hypothèse.
L'armée française après avoir perdu le cours du Rhin
s'était laissé enlever la ligne des Vosges ; elle se reti-
rait à l'ouest et l'armée allemande qui la suivait des-
cendait à son tour le revers occidental de la chaîne.
Dans ce cas quelles chances avions-nous encore d'arrêter l'invasion ? A cela il était permis de répondre
que si, après la perte des Vosges, la situation devenait
critique pour la France, elle n'était pourtant pas
sans remèdes, car en marchant à l'ouest, les Français devaient trouver de nombreux points d'appui
pour se couvrir. Effectivement ils pouvaient toujours
se retirer derrière la Moselle, puis derrière la Meuse,
y attendre les Allemands et leur disputer le passage
de ces deux rivières à coups de canons. Que s'ils
étaient repoussés de nouveau, il leur restait l'Argonne et les monts de la Meuse, qui, à la vérité, sont
bien peu de chose à côté des Vosges, mais qui possèdent néanmoins de bonnes positions défensives, où
une armée battue peut reprendre l'avantage[1].

Il n'était donc pas facile à une armée qui nous

---

1. Voir, dans le *Spectateur militaire* de 1872, l'*Etude stratégique sur le théâtre de guerre entre Paris et Berlin*, par le
colonel Fervel.

Voir aussi *Les Défenses naturelles et artificielles de la
France en cas d'une invasion allemande*, par M. R. Traduction
de Bacharach.

abordait directement par l'Est de s'avancer dans l'intérieur du pays; et l'on peut dire sans exagération que notre frontière du Rhin avait mieux que l'apparence de la force, qu'elle était réellement solide. Malheureusement elle avait un défaut, et un défaut capital.

Au dessous de la Lauter, on l'a dit, le Rhin s'enfonce au milieu de provinces allemandes sur les deux rives. A partir de ce point, notre frontière ne suivait donc plus le cours du fleuve; elle se rabattait brusquement à gauche et allait toucher la Moselle à Sierck au-dessous de Thionville. Mais tandis que de la Lauter à Bâle, il y avait entre nous et les Allemands une barrière naturelle de premier ordre, le Rhin; de Lauterbourg à Sierck il n'y avait qu'une ligne purement conventionnelle, c'est-à-dire rien.

Il en résultait qu'en cas de guerre, les Allemands, pour pénétrer en France, n'étaient pas obligés de forcer le Rhin en Alsace; ils pouvaient passer tranquillement ce fleuve chez eux, et nous aborder par le nord-est, au lieu de venir par l'est. Entre Rhin et Moselle la frontière étant ouverte, c'était infiniment plus commode, surtout moins dangereux. Il est vrai que nous avions de ce côté quelques places fortes : Bitche, Thionville et Metz[1]. Mais d'abord Metz était

______

1. Bitche était imprenable, mais cette place était trop petite pour retenir devant elle de gros détachements ennemis.

trop éloigné de la frontière pour servir utilement à sa défense, et quant aux deux autres, elles étaient devenues tout à fait impuissantes depuis que Sarrelouis et Landau ne nous appartenaient plus. La brèche qu'elles avaient à garder était trop large, une brèche de quarante lieues. Les places d'ailleurs, il faut bien le reconnaître, n'inspirent plus aujourd'hui aux généraux la même terreur qu'autrefois. Nous n'en sommes plus au temps de Frédéric où une armée de cent mille hommes se laissait arrêter par une place comme Schweidnizt défendue par six mille hommes de garnison seulement [1]. De nos jours, lorsqu'une ville forte se trouve sur la ligne d'opération d'une armée, celle-ci se borne ordinairement à la bloquer et passe.

C'est donc par l'espace ouvert qui régnait entre Rhin et Moselle que les Français, le cas échéant, devaient s'attendre à être attaqués. Cette partie de la frontière étant très faible, tandis que l'autre était très forte, il n'en fallait pas davantage pour attirer l'ennemi de ce côté. La raison était tout à fait péremptoire. Mais elle l'aurait été moins qu'il en eût été encore ainsi, parce que cette raison à part, l'ennemi en avait une autre pour agir sur ce point.

---

1. Jomini. *Traité des grandes opérations militaires*, 1er vol., pp. 183 et 370.

En effet, le Rhin étant supposé franchi hors de France par les Prussiens, ceux-ci avaient le choix entre deux manières de manœuvrer. Ils étaient libres soit d'appuyer à gauche et de marcher sur la Lauter à travers le Palatinat, soit d'appuyer à droite en visant la Sarre. Une marche sur la Lauter ne donnait que des résultats médiocres; elle allait se heurter aux Vosges, le grand rempart de la défense. Mais il n'en était pas de même d'une marche sur la Sarre, parce qu'en marchant par la Sarre, on prenait les Vosges à revers, et qu'on pénétrait du premier coup dans le bassin de la Moselle[1].

Il aurait donc fallu supposer les Prussiens peu soucieux, ou peu instruits de leurs intérêts pour admettre un seul instant qu'ils pussent attaquer (s'ils attaquaient) sur un point autre que celui-là. Tourner les Vosges après avoir tourné le Rhin, était une considération absolument dominante, et de nature à supprimer les hésitations s'il y en avait[2].

Mais alors, dira-t-on, que devenait cet ensemble formidable de défenses que nous avons relevé tout à

---

1. Lavallée. *Les Frontières de la France*, p. 289.

2. Dans un ouvrage publié en Allemagne en 1867, et ayant pour titre : *Iéna et Waterloo*, l'auteur, après avoir étudié les divers modes d'agression, conclut pour une irruption en masse entre les Vosges et la Moselle. — Voir à ce sujet, dans le *Spectateur militaire* du 15 février 1872, l'*Etude stratégique sur le théâtre de guerre entre Paris et Berlin*, par le colonel Fervel.

l'heure à l'est de l'Argonne? A quoi nous servait le Rhin et les Vosges, la Sarre et la Meurthe si l'ennemi pouvait si facilement les tourner? Il est certain que ce système se trouvait aux trois quarts annulé par une attaque partie du Nord-Est, et que de tous les obstacles qui le composaient, il ne nous restait plus que les moindres. Sans doute la Moselle, la Meuse et l'Argonne avec ses dépendances pouvaient encore nous être utiles, mais il n'y avait pas à les comparer ni aux Vosges ni au Rhin, quoique le cours de la Moselle fut défendu par trois places importantes, Metz, Toul et Thionville. La difficulté d'atteindre les hauteurs de l'Argonne, n'était par conséquent pas ce qu'elle paraissait être; presque insurmontable pour une armée qui venait de Kehl, elle n'avait absolument rien d'extraordinaire pour celle qui partait de Mayence.

Enfin ces hauteurs une fois franchies, d'obstacles sérieux et difficiles à tourner il n'y en avait plus. L'Argonne ferme l'entrée des vallées de l'Aisne et de la Marne qui descendent vers Paris; les territoires baignés par ces deux rivières, comme ceux arrosés par la Seine, sont des territoires tout à fait plats. Du moment que la défense évacuait l'Argonne, l'investissement de Paris devenait probable.

Tel était dans ses traits principaux le pays où les armées françaises et prussiennes allaient se rencontrer si les Prussiens prenaient l'offensive. Mais prendraient-ils l'offensive ? Cette question à la fin de juillet 1870 préoccupait toute l'Europe. Aussitôt après la déclaration de guerre, on s'était figuré que les Français suivant en cela leurs goûts et les leurs traditions, ne le leur permettraient pas ; qu'ils passeraient les premiers la frontière, et se jetteraient entre les diverses fractions de l'armée allemande, afin d'empêcher leur réunion. Lorsqu'un peu plus tard on les vit porter précipitamment leurs troupes autour de Metz, sans attendre que leur mobilisation fût achevée, cette manière de voir prit encore plus de consistance.

Mais depuis le 24 ou le 25 juillet, cette opinion avait perdu beaucoup de terrain, parce que tous les jours on s'attendait à apprendre que les Français s'étaient mis en mouvement, et que chaque jour on entendait dire qu'ils n'avaient pas bougé. On en était ainsi venu peu à peu en Europe à se demander s'ils ne se laisseraient pas devancer par les Prussions.

Certains journaux étrangers insinuaient que le cabinet des Tuileries regrettait maintenant la façon un peu leste avec laquelle il avait conduit les négociations ; d'autres faisaient remarquer qu'en 1866 les Prussiens avaient fait preuve de trop de promptitude pour que l'on ne dût pas compter en 1870 sur une vigoureuse initiative de leur part ; il y en avait enfin qui allaient jusqu'à affirmer que les Français n'étaient pas encore prêts.

Les conjectures et les commentaires allaient donc bon train, quand il se produisit un fait qui parut condamner tous ces dires.

Le 2 août, le 2e corps commandé par le général Frossard, campait aux environs de Forbach. Dans la matinée de ce jour, vers dix heures, la division Bataille descendit des hauteurs de Spickeren, et marcha, la droite sur Saint-Arnual, la gauche sur le *champ de manœuvre* de Sarrebruck[1]. En même temps les 3e et 5e corps, sous les ordres du maréchal Bazaine et du général de Failly, parurent s'ébranler, l'un du côté de Saint-Avold, l'autre à Sarreguemines[2]. Quand les avant-postes prussiens qui nous observaient depuis plusieurs jours, se sentirent menacés, ils se replièrent sur leurs réserves. Mais celles-ci furent bientôt culbutées à leur tour, de sorte que nos troupes purent prendre possession des hauteurs au sud de Sarrebruck, d'où elles commandaient la voie ferrée de Sarrelouis à Neunkirchen. Vers midi l'engagement était terminé[3].

---

1. Voir la carte n° 5.
2. Frossard. *Rapport sur les opérations du 2e corps.*
3. *La guerre franco-allemande,* 1er vol.

Il n'eut pas grande importance, comme on voit, quelques bataillons du côté des Français, quelques tirailleurs avec du canon du côté des Prussiens, et ce fut tout. Mais il suffit cependant pour changer le cours des idées.

On prétendait naguère que les Français n'étaient pas prêts ; de suite après cette affaire on exagéra leur succès, en lui donnant des proportions tout à fait fantaisistes. Au dire de beaucoup de gens, c'était une véritable bataille qui venait de se livrer ; ils en donnaient comme preuve la présence de l'empereur à Sarrebruck. Est-ce que les chefs d'armée se dérangent pour des affaires sans importance ? Il est vrai que tout le monde n'en était pas là ; mais ce qu'en général on considérait comme acquis, et ce qui effectivement semblait devoir l'être, c'est que la période d'organisation était passée, et que celle des opérations actives était venue.

Aussi ne fut-on pas peu surpris, lorsque deux jours après, on crut s'apercevoir que notre marche en avant avait subi un arrêt. Les nouvelles venues de la frontière annonçaient tout simplement que les Français étaient toujours sur les hauteurs de Sarrebruck, d'où ils se bornaient à canonner les trains prussiens, qui de temps à autre voyageaient sur la voie ferrée. Qu'attendaient-ils donc là ? Pourquoi ne poursuivaient-ils pas leur mouvement ?

Les Prussiens qui avaient un intérêt majeur à être

fixés là-dessus, s'efforcèrent de trouver une réponse à cette question.

La petite affaire de Sarrebruck les avait mal impressionnés. Ils y avaient vu comme tout le monde l'origine d'une marche offensive des Français dans la direction de Mayence; et cette marche les contrariait fort, parce qu'elle nous portait directement sur leur centre, alors que celui-ci, éparpillé encore dans les Vosges septentrionales, n'était pas prêt à nous recevoir. Les Prussiens auraient donc mieux aimé que l'ouverture des hostilités eût été retardée de quelques jours. Mais lorsque le 3 et le 4 août, ils purent s'assurer que nos troupes se contentaient de garder les positions conquises, ils revinrent sur leur première impressions. Notre inaction leur suggéra l'idée, que le combat du 2, n'avait peut-être pas la portée qu'on lui accordait; qu'il pourrait bien n'être qu'une démonstration, ou qu'une grande reconnaissance exécutée par nous, afin de découvrir le lieu de rassemblement de l'armée allemande. Cette journée du 2 en effet, par les efforts qu'elle nous avait coûtés n'était pas de celles qui exigent un jour de repos. Si donc les Français n'avaient pas bougé le 3 au matin, c'est qu'ils avaient des motifs autres que ceux tirés du combat de la veille; c'est que très probablement eux aussi n'étaient pas prêts, et qu'ils avaient voulu tout simplement tâter l'ennemi.

Tâter l'ennemi, tel fut en effet le but de l'état-major français, lorsque le **2** août, il porta le corps de Frossard sur Sarrebruck. A la fin de juillet, une profonde obscurité enveloppait les mouvements de l'armée allemande. Au quartier général de Metz, on ne savait absolument rien, ni de sa formation, ni de son déploiement, ni de ses desseins. Les timides reconnaissances de notre cavalerie ne nous avaient rien appris, et la presse prussienne donnant en cela un exemple que la nôtre aurait bien dû imiter, était complètement muette. Pour percer ce brouillard menaçant, on résolut donc d'exécuter une forte reconnaissance sur Sarrebruck[1].

D'ailleurs ce mouvement avait une autre utilité, il devait calmer les impatiences de la nation qui, surexcitée d'abord par l'activité fiévreuse déployée lors du départ des troupes, ne comprenait rien maintenant à leur immobilité.

Mais si l'opinion publique fut satisfaite, le but principal de l'opération fut manqué, car elle ne fournit aucune indication sur ce que l'état-major français voulait savoir. Où était l'armée prussienne, et que faisait-elle ?

C'est ce qu'il continua à ignorer.

----

1. Frossard. *Rapport sur les opérations du 2ᵉ corps*, et *Œuvres posthumes* de Napoléon III, recueillies par le comte de Lachapelle.

PLANS DE CAMPAGNE

CHAPITRE IV

Plans de campagne.

Emplacements de l'armée française le 3 août 1870. — Sa disposition en cordon tout le long de la frontière. — Avantages de cette formation. — Elle dérobe nos projets aux Prussiens. — Reproches qu'on lui a adressés. — Plan de Napoléon III. — Napoléon compte devancer la Prusse sur le Rhin, puis se jeter entre celle-ci et ses alliés du Sud pour les battre séparément. — Bases peu solides de ce plan. — Difficulté de l'exécuter à la fin de juillet. — Nécessité par conséquent de le modifier. — La formation en cordon est dangereuse dans la guerre défensive. — Exemple tiré de la guerre de Sept-Ans. — Frédéric-le-Grand et le maréchal Brown. — Le plan de M. de Moltke est mieux conçu. — Choix judicieux du Palatinat bavarois comme lieu de rassemblement des forces prussiennes. — Avantages de cette position. — De là, les Prussiens font face aux Français, qu'ils se présentent par la Belgique ou par la Sarre. — Cologne et le Rhin inférieur sont donc suffisamment couverts. — Objections que l'on peut faire cependant contre ce choix. — Réponse de M. de Moltke, et projet bien arrêté de ce général de ne pas attendre les Français. — Les Prussiens sont assez forts pour prendre l'offensive. — Répartition des forces prussiennes en trois armées. — Lignes de marche de celles-ci et but qu'elles doivent se proposer. — Retard de l'armée du Centre. — Danger auquel ce retard a exposé M. de Moltke. — Positions des armées belligérantes, le 3 août 1870. — Situation à ce jour : la lutte devient imminente.

Le petit combat du 2 août, n'ayant eu pour cause déterminante, que la nécessité de nous renseigner sur l'armée prussienne, l'état-major français ne lui donna pas de suites, et notre armée conserva les positions qu'elle occupait antérieurement. A la date du 3 août, voici quels étaient ses emplacements[1].

En partant de sa gauche, le corps de Ladmirault (4e), que l'on rencontrait d'abord, campait aux environs de Bouzonville. Avec ses trois divisions Cissey, Grenier et Lorencez, il gardait Bouzonville, Téterchen et Ham-sous-Varsberg[2].

Le corps de Bazaine (3e), qui venait ensuite, se trouvait vers Saint-Avold. Il était formé des divisions Montaudon, Metman, Decaen et Castagny, et il occupait Boucheporn, Saint-Avold, Merlebach et Rossbruck.

A la droite du maréchal Bazaine, le général de Failly, commandant du 5e corps, tenait Sarreguemines. Ce général n'avait avec lui que deux de ses divisions, l'une à Sarreguemines, l'autre à Grossbliesderstroff, sa troisième division étant à Bitche pour former liaison entre l'armée de Lorraine et celle d'Alsace.

En avant de ces trois corps, celui de Frossard (2e), occupait toujours les hauteurs de Sarrebruck qu'il

----

1. Voir carte n° 2.
2. Frossard. *Rapport sur les opérations du 2e corps.*

avait conquises la veille. Mais comme il se trouvait en territoire ennemi, il était plus concentré que les autres. Ses trois divisions, Vergé, Bataille et Laveaucoupet, se tenaient toutes les trois sur les crêtes ou le versant sud des hauteurs en question.

Enfin en arrière de cette ligne, et formant réserve, se trouvait la garde, et beaucoup plus en arrière encore, à Châlons, le 6ᵉ corps, sous le commandement du maréchal Canrobert[1].

Ainsi donc, à l'ouest des Vosges, l'armée française se composait de six corps, dont trois en ligne, un en avant, le 2ᵉ, un autre, la garde, en arrière. Le 6ᵉ corps était si éloigné qu'il paraissait devoir opérer à part.

Quant aux troupes d'Alsace, elles étaient représentées par deux corps, le 1ᵉʳ et le 7ᵉ; le 1ᵉʳ, sous les ordres du maréchal de Mac-Mahon qui l'avait réuni à Strasbourg, et le 7ᵉ à Belfort, commandé par Félix Douay. Mais à la date du 3 août, le maréchal n'était plus à Strasbourg; il avait marché au nord, dans la direction de la Lauter, son avant-garde sur la Lauter même, le gros de ses forces en avant de Wœrth et près de Haguenau.

Dès les premiers jours d'août, par conséquent,

----

1. La garde campait un peu en arrière du Boulay, aux Étangs et à Volmerange. — Bazaine. *L'Armée du Rhin*. Voir la carte et la légende vers la page 20.

nous avions huit corps d'armée répandus tout le long de la frontière franco-allemande, depuis Belfort jusqu'à Sierck. L'espace qu'ils occupaient de leur droite à leur gauche, était d'environ quatre-vingt lieues ; leur effectif de 250 à 260,000 hommes[1].

Quels étaient nos desseins?

Ceux qui cherchaient à nous pénétrer là-dessus, et les Prussiens étaient certainement de ce nombre, se trouvaient bien embarrassés. Si l'armée française s'était massée toute entière dans le bassin de la Moselle, on aurait pu croire qu'elle voulait marcher sur Mayence. Si elle s'était concentrée de même dans la vallée du Rhin, on se serait volontiers figuré qu'elle allait passer le fleuve afin de porter de prime abord la guerre en Allemagne. Mais du moment qu'on la rencontrait à la fois dans la vallée du Rhin et sur la Moselle, on ne pouvait qu'être indécis à ce sujet, car il n'était pas possible d'admettre qu'elle voulût en même temps franchir le Rhin, et marcher sur Mayence. Tout ce qu'il semblait raisonnablement permis de conclure de nos emplacements, c'est que nous avions l'intention de prendre l'offensive. Mais,

---

1. Le 5 août 1870, l'armée française était de 270,000 hommes. — Lewal. *Etudes de guerre*, 1er vol., p. 26.

en vérité, si c'était là tout ce que l'on voulait savoir, point n'était besoin d'étudier longuement nos positions, car personne n'ignorait nos projets à cet égard. Tout le monde les connaissait depuis longtemps, et si quelque doute avait pu exister encore sur ce point, tout ce qui s'était fait chez nous depuis la fameuse journée du 15 juillet, l'aurait montré assez clairement.

A ce point de vue donc, c'est-à-dire au point de vue d'une guerre offensive, la distribution de nos forces n'était pas maladroite, et c'est à tort peut-être qu'on l'a jugée si sévèrement. Elle n'était pas maladroite, puisqu'elle dérobait aux Prussiens une chose qu'ils tenaient essentiellement à connaître, et que nous avions le plus grand intérêt à leur cacher, à savoir la direction de notre attaque. Marcherions-nous sur Mayence, ou passerions-nous le Rhin? C'est ce qu'ils ne pouvaient deviner.

Mais si cette partie du plan de Napoléon III était passable, bonne même, il y en avait d'autres qui étaient beaucoup plus faibles, et que l'on est en droit de critiquer.

Quels étaient, en effet, les projets de Napoléon III. L'Empereur se proposait ceci : Partant de cette idée qu'il serait prêt avant les Prussiens, il voulait former son armée en deux masses, l'une à Metz, l'autre à Strasbourg, puis pousser la première masse sur la seconde, passer le Rhin près de Maxau[1], et se jeter ensuite entre la Prusse et les États du Sud, afin de les battre séparément[2]. Mais avant de s'engager à fond, il voulait pourtant faire une halte, et voici dans quel but.

L'aversion des Allemands du Sud, pour les Allemands du Nord, étant trop vieille, suivant Napoléon, pour qu'une alliance entre eux eût beaucoup de consistance, il n'était pas impossible que la seule présence de l'armée française sur le Rhin la rompît. Une fois arrivé en Allemagne, l'Empereur voulait donc s'arrêter un instant, et s'adresser aux petits États, afin de leur parler neutralité. Si ceux-ci l'écoutaient, tout irait pour le mieux. S'ils ne l'écoutaient pas, s'ils s'entêtaient, alors on emploierait d'autres arguments; l'armée française s'avancerait, et se chargerait de les convaincre. Il ne fallait pas longtemps pour cela, car, à cette heure, les Prussiens étant encore loin, la lutte ne pouvait pas être longue. On battait donc les Allemands du Sud

---

1. Maxau, petite ville à trois ou quatre lieues au N.-E. de Lauterbourg, sur la rive droite du Rhin. — Voir la carte n° 2.

2. *Enquête sur le gouvernement de la Défense nationale*, 1er vol., p. 41. Voir, en outre, *Œuvres posthumes*, de Napoléon III, recueillies par le comte de la Chapelle, pp. 212 à 214.

et, cela fait, on se retournait contre les Allemands du Nord.

Voilà en substance ce qu'était le plan de Napoléon. Il n'aurait pas été plus mal conçu qu'un autre, si les données sur lesquelles il s'appuyait avaient été plus solides. Il n'était, en effet, que l'application pure et simple des idées de Jomini sur les lignes d'opérations intérieures, lignes dont Napoléon Ier avait su tirer tant de profit en 1814[1]. Seulement ce plan, nous le répétons, péchait par sa base, et nous allons essayer de le démontrer.

Tout le système de Napoléon III semble reposer sur cette idée qu'il pourrait prendre l'offensive, et se présenter à Maxau avant les Prussiens. Ce souverain comptait même arriver sur ce point bien avant M. de Moltke, puisqu'il se proposait de parlementer avec les États du Sud, et de les battre au besoin avant l'entrée en ligne de l'armée prussienne. Si Napoléon avait eu le moindre doute à cet égard, il n'aurait pas songé à porter du premier coup la guerre en Allemagne, car (il le reconnaissait lui-même) passer un grand fleuve en face d'une armée ennemie, a toujours été, et sera toujours une des opérations les plus difficiles de la guerre.

Or, nous le demandons, sur quoi s'appuyait l'Em-

----

1. *Précis de l'art de la guerre,* pp. 259 et 260, par Jomini.

pereur pour admettre ainsi d'emblée qu'il pourrait sans difficulté traverser le Rhin, et gagner l'Allemagne ?

Certainement, nous avions des chemins de fer pour nous mener rapidement à la frontière. Mais est-ce que les Prussiens n'en avaient pas également? Le maréchal Le Bœuf, il est vrai, se croyait prêt à faire la guerre, absolument prêt. Mais qui pouvait dire que nos adversaires ne l'étaient pas autant que nous? Est-ce que les rapports du colonel Stoffel, notre attaché militaire à Berlin, ne montraient pas au contraire, jusqu'à l'évidence, que depuis longtemps la Prusse se préparait à la lutte[1]? Et si la Prusse était prête tout comme nous, comment croire qu'elle nous laisserait tranquillement pénétrer en Allemagne ?

Pensait-on, aux Tuileries, que la marche précipitée des événements avait surpris la Prusse? Mais de deux choses l'une : ou bien les Prussiens étaient étrangers à l'intrigue du maréchal Prim, et alors on ne devait pas les rendre responsables de la candidature du prince de Hohenzollern; ou bien cette candidature était leur œuvre, et dans ce cas il fallait

---

1. *Rapports militaires* du colonel Stoffel, 2 vol. in-8°. — Voir aux pièces annexées (pièce n° 17), un extrait du rapport du 12 août 1869. Le colonel y dit nettement au ministre qu'on *ne surprendra pas la Prusse*.

être bien naïfs pour supposer qu'ils ne s'attendaient pas à l'orage. Ils avaient certainement assez de mémoire, pour se souvenir des observations aigres-douces, que nous leur avions faites à ce sujet en 1869.

L'état-major français raisonnait donc mal, lorsqu'il considérait comme à peu près certaines des éventualités qui étaient tout au plus douteuses. S'il n'était pas impossible que la France arrivât sur le Rhin avant la Prusse, il n'était pas impossible non plus que la Prusse y arrivât avant nous. La campagne de Bohême était là pour prouver qu'il n'était pas facile de gagner les Prussiens de vitesse[1].

Du reste ce n'est pas que sur ce point, celui des préparatifs, que notre état-major se faisait illusion ; c'est encore sur l'importance de nos forces. Napoléon III paraît s'être lancé dans cette guerre avec la conviction qu'il pourrait dès les premiers jours réunir 350,000 hommes[2]. Or, le 3 août, comme nous l'avons vu, il ne disposait ni de 350,000 hommes ni même de 300,000, il n'en avait guère

---

1. En 1866, les opérations furent très vivement conduites. La guerre fut déclarée le 15 juin ; le lendemain l'armée prussienne entrait en Hanovre, et trois semaines après l'Autriche était abattue. — Sadowa, 3 juillet 1866. — Préliminaires de Nickolsbourg, 26 juillet.

2. *Œuvres posthumes*, de Napoléon III, p. 198.

plus de 250,000, ce qui était insuffisant, non seulement pour s'enfoncer en Allemagne, mais même pour marcher sur Mayence, attendu que l'organisation de ces 250,000 hommes laissait encore beaucoup à désirer[1].

A la vérité, notre mobilisation à cette époque était bien loin d'être achevée, et journellement de fortes quantités d'hommes rejoignaient. Le déficit dont nous parlons tendait par conséquent tous les jours à diminuer. Oui, c'est vrai. Mais comme il était déjà tard au commencement d'août, pour prendre l'offensive, si nous n'étions pas en état de le faire immédiatement, il ne nous restait qu'un parti à prendre, qu'à y renoncer, qu'à changer d'attitude, et surtout qu'à changer la distribution de nos forces ; car cette distribution *en cordon*, bonne pour une guerre offensive, était radicalement mauvaise comme disposition défensive. L'expérience ne laissait aucun doute à ce sujet.

En 1757, l'Autriche et la Prusse étaient en guerre au sujet de la Silésie, que Frédéric s'était fait céder

---

1. Tout à fait au début de la querelle, le maréchal Le Bœuf avait offert 350,000 hommes en 15 jours, avec 240,000 dans les dépôts. Mais plus tard, cette promesse lui ayant paru hasardée, il la réduisit. Il ne répondit plus alors que de 300,000 hommes, dont 250,000 seulement devaient être prêts au bout de deux semaines.

en 1742, après la victoire de Czaslau[1]. Soit alors que
l'Autriche fût en retard dans ses armements, soit
que de sa pleine volonté elle préférât laisser le rôle
actif à sa rivale, elle adopta tout d'abord une attitude
défensive. Frédéric, dès le début des opérations, disposait de la Saxe, et pouvait à son gré se porter soit
en Bohême, soit en Moravie. Il était séparé de l'armée autrichienne par les hautes montagnes qui déli-
mitent la Bohême septentrionale. Que fit son adversaire le maréchal Brown ? Pour défendre la frontière,
le commandant des troupes autrichiennes divisa
celles-ci en quatre corps. Il en plaça un à Egra[2], un
autre à Budyn-sur-l'Eger, un troisième à Reichen-
berg, et afin de ne pas découvrir la Moravie, il laissa
le quatrième à Olmütz. Cela fait, il attendit Frédéric,
croyant l'Autriche en sûreté derrière ce rideau.
D'Egra à Olmütz, il y a près de cent lieues. Mais
Frédéric ne se laissa pas arrêter par cette disposition
par trop primitive. Il n'eut qu'à se présenter pour
briser la ligne sans consistance du maréchal Brown,
et culbuter ses petits détachements. Il poussa ainsi
son adversaire jusqu'à Prague, et là il lui livra une
bataille, où l'armée autrichienne faillit périr toute
entière.

----

1. Jomini. *Traité des grandes opérations militaires*, 1ᵉʳ vol.,
pp. 58, 172 et 177.

2. Petite place de Bohême, près des sources de l'Eger.

Cent ans plus tard, en 1866, la Prusse et l'Autriche étaient encore en guerre, cette fois pour des raisons de suprématie. La Prusse trouvait que l'Autriche était de trop en Allemagne, et voulait l'en expulser. Mais la leçon tirée de la guerre de Sept Ans ne profita guère à l'Autriche.

De nouveau la Bohême était le théâtre des hostilités, et de nouveau les Prussiens avaient commencé par s'emparer de la Saxe. Cependant, Benedeck ne désespérait pas de prendre l'offensive, et il s'apprêtait même à le faire, lorsqu'il apprit que les Prussiens l'avaient devancé, et que les têtes de colonne de leurs armées se montraient déjà dans les défilés des montagnes de la Lusace. En cet état, qu'imaginat-il pour résister à l'invasion ? Au lieu de prendre une bonne position intermédiaire, d'y réunir ses forces, et de manœuvrer entre les deux colonnes ennemies qui s'avançaient sur lui, comme l'aurait fait Frédéric, et comme le fit Napoléon en 1814, il éparpilla ses corps et fit deux gros détachements qu'il opposa l'un à l'armée de l'Elbe, l'autre à celle de Silésie. Mais ce système ne lui réussit nullement. Tous les corps autrichiens, malgré leur dévouement et leur bravoure, furent battus et dispersés. Reconnaissant sans doute sa faute, Benedeck se décida alors à se concentrer. Il réunit sur la rive droite de l'Elbe une force très respectable. Mais il était déjà trop tard ; son armée avait beaucoup souffert matériellement et moralement, moralement surtout. Aussi Sadowa ne fut que ce qu'il devait être, c'est-à-dire une grande défaite pour l'Autriche.

Il ne s'agissait donc pas d'imiter le maréchal Brown ou le général Benedeck, et de garder plus longtemps une formation qui pouvait nous devenir funeste. A quoi ne nous exposions-nous pas, si pour attendre que le dernier de nos hommes fut rentré, les Prussiens se présentaient menaçants sur la Lauter ou sur la Sarre? Ce n'était certainement pas avec une ligne longue et mince, avec des petits détachements disséminées à l'entrée de toutes les routes venant d'Allemagne, que l'on pouvait espérer de résister au choc des armées prussiennes.

Le plan de M. de Moltke, sans être à l'abri de toute critique, était mieux étudié; il était surtout plus complet. Tandis que dans le plan de Napoléon, l'hypothèse d'une guerre défensive était à peine indiquée, dans celui de M. de Moltke la défensive était traitée à fond aussi bien que l'offensive.

La Prusse était-elle attaquée? L'agression, suivant le chef de l'état-major prussien, pouvait venir de trois côtés, par la Suisse, par la Belgique, ou par l'espace compris entre Bâle et Luxembourg. Mais comme une agression par la Suisse était absolument improbable, à cause des difficultés qu'elle aurait présentées, il la négligeait et ne s'occupait que des deux autres. Eh bien, soit que l'attaque vînt par la Belgique, soit qu'elle vînt par Metz et Strasbourg, M. de Moltke conseillait de concentrer toutes les forces allemandes sur la Moselle et dans le Palatinat bavarois. Et il conseillait cela par ce motif, que de cette position, les Prussiens étaient en mesure de faire face aussi bien à une armée qui s'avancerait par Bruxelles, qu'à une autre qui se montrerait par la Sarre.

Supposez, en effet, disait-il, qu'une armée française marche sur Cologne à travers la Belgique[1]. Cette armée s'avancera sans crainte jusqu'à la Meuse. Mais, parvenue là, elle apercevra l'armée allemande sur son flanc droit et, instinctivement, elle s'arrêtera pour faire face au sud. Si elle s'arrête, le but de la concentration dans le Palatinat est atteint, car attirer les Français au sud, c'est ni plus ni moins que leur faire perdre le bénéfice de leur marche par le nord. Si elle ne s'arrête pas, la concentration dont il s'agit est encore utile, car de Bruxelles à Cologne, il y a plus loin que de Cologne à Mayence et même à Kaiserslautern[2]. Il n'y a, par conséquent, pas à craindre que les Français débouchent sur Cologne avant les Prussiens. La position proposée couvre

---

1. *La Guerre franco-allemande*, 1er vol.
2. Voir la carte no 1.

même mieux Cologne, et le Rhin inférieur, qu'une autre prise dans le voisinage de cette dernière ville, puisqu'au lieu d'y attirer les Français, elle tend à les en éloigner[1].

Il n'y avait qu'une chose, ou plutôt que deux choses qui inquiétaient un peu M. de Moltke. Il pouvait se faire qu'immédiatement après la déclaration de guerre, et dans l'espace de huit jours, les Français rassemblassent 150,000 hommes autour de Metz, et les portassent sur Mayence sans attendre l'arrivée de leurs réserves. En pareil cas que deviendrait la concentration sur la Moselle ?

En second lieu, si une concentration sur ce point avait de grands avantages, on ne pouvait contester cependant qu'elle eût aussi un inconvénient, car elle découvrait l'Allemagne du sud, et favorisait ainsi une attaque des Français dans cette direction. Or, de la Moselle, comment les Allemands s'opposeraient-ils à une entreprise de ce genre ?

A cela, M. de Moltke répondait :

Si les Français se portent sur Mayence aussitôt après la déclaration de guerre, ils empêcheront,

---

1. C'était conforme aux principes. « Il ne suffit pas toujours, a dit l'archiduc Charles d'Autriche, de prendre position sur une ligne stratégique pour bien la couvrir. Il est des circonstances où il vaut beaucoup mieux s'établir à une certaine distance sur les flancs. » — *Principes de la stratégie*; 1ᵉʳ vol., p. 39.

c'est incontestable, toute concentration en avant du Rhin. Mais est-ce à dire pour cela qu'ils seront plus proches du succès? De Metz à Mayence, il y a six jours de marche. Si l'on ajoute à ces six jours, le temps nécessaire aux 150,000 Français pour se réunir, soit huit jours, on voit qu'il leur faut quatorze jours au moins, à dater de la déclaration de guerre pour atteindre cette dernière place. Or, ajoutait-il, au bout de deux semaines, les Allemands auront certainement devant Mayence plus de 150,000 hommes s'il le faut.

Quant à une marche des Français dans la direction de l'Allemagne du sud, M. de Moltke ne la redoutait pas, car les Prussiens avaient un moyen facile de la faire avorter. Ils n'avaient, selon lui, pour cela, qu'à détacher un corps de la masse principale de leurs forces stationnée dans le Palatinat, et de lui faire remonter le Rhin par la rive droite. Ce simple mouvement, constituant une menace directe pour les communications de l'armée envahissante, devait l'arrêter d'abord, puis l'obliger de revenir en arrière.

Ainsi parlait le chef de l'état-major prussien, et nous devons convenir qu'il calculait assez juste. Si le rassemblement des forces prussiennes sur la Moselle avait l'inconvénient, très réel d'ailleurs, de pouvoir être un peu trop facilement troublé par les Français ; en revanche, il offrait, comme le disait M. de Moltke, plus d'avantages qu'aucun autre : de la

Moselle, mieux que de n'importe où, les Prussiens pouvaient répondre à nos diverses attaques.

Au surplus, M. de Moltke ne croyait pas que dans une guerre avec la France, la Prusse dût se résigner d'avance à la défensive, attendu qu'elle possédait des ressources suffisantes pour jouer un autre rôle. Il croyait même tout le contraire. Il professait qu'une armée, à moins qu'elle ne soit sensiblement inférieure à celle qui lui fait face, ce qui n'était pas le cas de l'armée prussienne, ne doit jamais attendre le choc ; qu'elle ne doit jamais se cramponner à des positions, si fortes soient-elles. Et il en déduisait que, dans le cas d'une guerre contre nous, l'armée prussienne n'avait pas à hésiter, qu'elle devait prendre l'offensive, à moins que l'armée française ne lui en laissât pas le temps. Réduite à elle-même, elle était assez forte pour cela. Que serait-ce si, comme on en avait l'espoir, elle était renforcée par les contingents du Sud. M. de Moltke voulait donc que l'armée prussienne prît l'offensive, qu'elle attaquât l'armée française et, pour premier objectif, il lui assignait de rejeter, si c'était possible, celle-ci au nord de ses communications avec Paris.

Ce qui préoccupait le plus M. de Moltke, ce n'était pas, à vrai dire, la question des ressources qui, d'après lui, étaient énormes, c'était bien plutôt le moyen de les utiliser le mieux possible, car, en homme d'expérience qu'il était, il appréciait très bien la difficulté qu'il y a toujours à faire mouvoir de gros effectifs.

Aussi, afin d'atténuer, dans la mesure du possible, l'inconvénient résultant pour l'armée prussienne de sa masse, afin de la rendre plus maniable en un mot, il proposait de la partager en trois groupes ou trois armées secondaires, dont il déterminait la force d'avance, et qui auraient, chacune, un point de concentration particulier. La Ire devait se réunir à Wittlich, la IIe à Neunkichen et la IIIe à Landau [1].

De ces trois armées, la Ire était la plus faible; elle ne comprenait que deux corps, le VIIe et le VIIIe. Mais la IIe armée en comptait trois (le IIIe, le IVe et le Xe) plus la Garde; et la IIIe, cinq, savoir : les deux corps bavarois, le corps Badois-Wurtembergeois, et les Ve et VIe corps prussiens.

Comme l'effectif moyen de chaque corps était de trente mille hommes environ, c'était par conséquent une force de 320,000 hommes, que l'on jetterait ainsi dans l'angle formé par la Moselle et le Rhin. Cette force, à la rigueur, était suffisante pour faire campagne toute seule, car il était peu probable que la France en eût une plus considérable à lui opposer. Mais il était facile, si on le voulait, de lui trouver une réserve. Le IXe corps et le XIIe (Saxons) seraient

---

1. Voir les cartes 1 et 2.

donc affectés à cet emploi, et on les placerait en avant de Mayence, afin de soutenir le centre général de la grande armée prussienne établi à Neunkirchen [1].

Tel était dans son ensemble le plan de M. de Moltke. S'il n'offrait rien d'extraordinaire, comme conception militaire, ou comme sagacité, il avait du moins un grand mérite, celui de traiter la question des opérations sous toutes ses faces, d'indiquer la route à suivre, et les mesures à prendre pour les éventualités diverses qui pourraient se présenter.

Peut-être le chef de l'état-major prussien, avait-il tort de trop faire fonds pour l'organisation et la distribution de ses forces, sur une chose fort problématique, à savoir le concours des États du Sud. Peut-être encore les mesures qu'il prescrivait n'étaient-elles pas toutes appelées à produire un effet aussi irrésistible qu'il le croyait. Ainsi, par exemple, pour le cas où les Français, prenant les devants, se porteraient subitement sur son armée du centre, M. de Moltke prescrivait à celle-ci de se retirer sur la position de Marnheim, qu'il connaissait parfaitement, et où il se proposait de livrer bataille, après avoir attiré à lui son aile gauche, la IIIᵉ armée partie de Landau. Mais il est permis d'objecter, que si les Français avaient surpris l'armée du

----

1. *La Guerre franco-allemande,* 1ᵉʳ vol., pp. 78 à 80.

centre pendant sa formation, elle aurait pu être entamée avant d'arriver à Marnheim, et que d'ailleurs il n'était pas certain du tout que l'armée de Landau pût rallier ce point en *temps utile*. On a vu plus d'une fois échouer des rendez-vous plus faciles que celui-là.

Mais avec un plan comme celui de M. de Moltke, il était difficile de trouver la Prusse au dépourvu. Que la guerre fût offensive ou non, pour elle, il y avait peu de chance de la surprendre.

Du reste, en Allemagne, on se garda bien de faire comme chez nous. En France, l'état-major avait depuis longtemps étudié, puis adopté un plan, qu'au dernier moment il mit de côté pour en suivre un autre[1]. En Prusse, on conserva celui de M. de Moltke, bien qu'il fût ancien, lui aussi; et non seulement on le conserva, mais on l'exécuta presque à la lettre comme il est facile de s'en apercevoir[2].

Au commencement d'août 1870, ce n'est pas une

---

1. Antérieurement à 1870, sous le ministère du maréchal Niel, Napoléon III avait formé le projet, en cas de guerre, de constituer trois armées, dont une devait être dirigée sur Cologne à travers la Belgique. Mais en 1870, ce projet fut abandonné parce qu'on craignit de blesser l'Angleterre, et de trouver une armée anglo-belge en travers du chemin. — *Œuvres posthumes* de Napoléon III, recueillies par le comte de la Chapelle, p. 212, et *Procès du maréchal Bazaine*, déposition du maréchal Le Bœuf.

2. Le plan de M. de Moltke datait de 1868.

armée qui s'avance vers la frontière, ni deux armées. Ce sont trois armées, les trois armées demandées par M. de Moltke. Ces armées ne sont pas constituées d'une manière indifférente; elles sont formées rigoureusement comme cela avait été convenu. De plus elles suivent les lignes de marche indiquées par M. de Moltke.

La Ire, celle du général Steinmetz, remonte la vallée de la Sarre; la IIe, celle du prince Frédéric-Charles, s'avance sur la route de Mayence à Kaiserslautern; la IIIe, celle du prince royal de Prusse se concentre autour de Landau[1].

Le 3 août, la concentration de ces trois masses n'est pas encore entièrement achevée; mais elle approche de son terme. La Ire armée a même dépassé Wittlich son premier objectif. Elle est vers Lebach et Otweiler[2]. Il en est de même de la IIIe, dont l'effectif est à peu près au complet, et à qui il ne manque plus que ses trains et ses ambulances. Celle-ci campe dans l'espèce de quadrilatère formé par Landau, Bergzabern et le Rhin de Germersheim à Pfortz. Elle a un détachement de cavalerie à Deux-Ponts pour surveiller la route de Bitche, et des trou-

----

1. Voir les cartes n°s 1 et 2.
2. *La Guerre franco-allemande*, 1er vol., p. 148.

pes avancées à Bergzabern, Hagenbach, Rohrbach et Billigheim[1].

Seule la IIᵉ armée est un peu en retard parce que l'hypothèse prévue par M. de Moltke, celle d'une offensive prématurée des Français dans la direction de Mayence, semble en train de se réaliser. Les Français se concentrant sous Metz, et menaçant d'envahir les provinces Rhénanes, l'itinéraire de cette armée a été modifié; et tandis qu'elle devait, à l'instar des deux autres, traverser le Rhin en railway, et arriver en wagon à Neunkirchen, elle a débarqué sur le fleuve même, et gagne maintenant ce dernier pays par les routes de terre ordinaires. Mais ce retard, conséquence forcée de la marche à pied, a depuis quelques jours, perdu beaucoup de son importance. Le 3 août, Frédéric-Charles s'avance déjà avec ses têtes de colonne jusqu'à la hauteur de Saint-Wendel; il pousse même ses avant-gardes jusqu'à Neunkirchen d'un côté, jusqu'à Hombourg de l'autre[2].

La situation qui un moment a été critique, et qui le serait devenue bien d'avantage, si les Français avaient attaqué, s'améliore donc rapidement sur ce

----

1. Voir la carte nᵒ 2 et *La Guerre franco-allemande*, 1ᵉʳ vol., pp. 169, 172 et 173.

2. Voir la carte nᵒ 2 et *La Guerre franco-allemande*, 1ᵉʳ vol., p. 162.

point. Le vide par lequel nous aurions pu nous glisser entre la Iʳᵉ armée et la IIIᵉ armée va disparaître. Le temps n'est donc pas loin où toute l'armée du centre sera en ligne, comme les deux autres. Voilà en quelques mots où en sont les Prussiens au 3 août 1870.

Si l'on se rappelle maintenant qu'à la même date, le corps de Ladmirault était à Bouzonville, celui de Frossard à Sarrebruck, celui de Failly à Sarreguemines et à Bitche, celui de Mac-Mahon dans le voisinage de la Lauter, on verra que la bande de terre qui sépare les deux armées est assez mince, et que la lutte ne peut tarder à s'engager. Encore deux ou trois jours, quatre peut-être, et si l'armée française ne bouge pas, elle verra, tout porte à le croire, l'armée prussienne venir à elle.

Les difficultés que la diplomatie n'a pu aplanir, le canon va donc les délier. Un grand choc est proche.

WISSEMBOURG

CHAPITRE V

Wissembourg.

Nous venons de voir que le 3 août, le maréchal de
Mac-Mahon se trouvait dans le voisinage de la Lauter,

et que le général Félix Douay continuait de s'organiser dans le haut Rhin[1]. Mais nous n'avons pas, et à dessein, indiqué les positions exactes de leurs corps. Il nous faut maintenant combler cette lacune, et raconter les graves événements qui s'accomplirent coup sur coup dans la basse Alsace.

A cette date, le 7e corps, malgré les efforts de son chef, était loin d'être au complet. Des trois divisions dont il était composé, il y en avait une qui était encore en formation à Lyon; les deux autres, c'est-à-dire les divisions Liébert et Conseil-Dumesnil, étaient, la première à Belfort et la seconde à Colmar. Seulement le général Conseil devait, lui aussi, partir pour Belfort, afin de contenir, si besoin était, quelques groupes ennemis qui se montraient fréquemment à l'entrée des défilés de la Forêt-Noire.

Quant au 1er corps, il avait ses quatre divisions, savoir : la 1re (Ducrot) entre Wœrth et Lembach, la 3e (Raoult) à Haguenau, la 4e (Lartigues) vers Haguenau aussi, et la 2e (Abel Douai) à Wissembourg, d'où elle devait gagner le Col du Pigeonnier, le 4 de

---

1. Félix Douay, dès le début, avait été placé sous la direction de Mac-Mahon.

En Alsace, comme on va le voir, il y avait deux généraux, deux frères du nom de Douay : Félix Douay, qui commandait le 7e corps, et Abel Douay, commandant une division (la 2e) du 1er corps.

bon matin. Le Pigeonnier se trouve à l'ouest de la ville, sur la route de Bitche; de là il était facile aux troupes de Douay de donner la main à celles du général Ducrot.

Mais une observation est nécessaire à l'égard de cette dernière division, parce qu'elle ne devait faire que passer à Wissembourg, et qu'elle y séjourna, ce qui eut pour elle une conséquence désastreuse. Pourquoi donc Abel Douay, au lieu de se rendre au Pigeonnier, comme il en avait reçu l'ordre, demeurat-il à Wissembourg le 4? Est-ce de son propre mouvement qu'il s'arrêta, ou bien y était-il autorisé? L'explication est celle-ci :

Abel Douay, paraît-il, n'allait pas très volontiers au Col du Pigeonnier. Il n'y allait pas volontiers, à cause des difficultés qu'il craignait d'y rencontrer pour le ravitaillement de sa troupe, et pour ce motif il aurait mieux aimé rester à Wissembourg, où les ressources étaient plus faciles.

Le 3 à la nuit, en arrivant dans cette ville, il télégraphia donc à Mac-Mahon pour lui demander l'autorisation de s'y arrêter provisoirement. Mais le maréchal ne lui accorda qu'une demi-satisfaction. A la demande de Douay il répondit, qu'il ne pouvait pas trancher cette question d'emplacement à distance, qu'il avait besoin de voir lui-même la position. Et il annonça qu'il se rendrait de sa personne, le lendemain 4, à Wissembourg, et qu'alors, *de visu*, il déci-

derait. Malheureusement, le 4, il devait être trop
tard[1].

Effectivement à la même heure à peu près où
Abel Douay recevait la réponse de Mac-Mahon, le
prince royal dont le quartier général était à Landau,
prenait des résolutions importantes. Malgré les inconvénients qu'il pouvait y avoir selon lui, à cela, il
décidait de prendre l'offensive, et de passer la frontière immédiatement.

Ce n'est pas que ce prince fut particulièrement
pressé de commencer les opérations. Non. Il lui manquait, nous le savons, une partie de ses trains et de
ses ambulances, et pour cette raison il aurait préféré
attendre encore quelques jours. Le retard forcé de
l'armée du centre, lui semblait surtout une considération dominante pour ne pas trop se hâter. Mais la
veille, c'est-à-dire le 2, il avait reçu du grand quartier général, un messager qui sans le convertir à
d'autres idées, lui avait tracé sa ligne de conduite. Ce
messager, un colonel d'état-major, était venu lui dire
en effet, que le moment d'agir était arrivé, et que
quelque objection que ce parti pût soulever, le désir
de M. de Moltke était de voir la IIIe armée entrer le
plus tôt possible en Alsace.

----

1. *Enquête sur le gouvernement de la Défense nationale.*—
Déposition de Mac-Mahon.

Comme sous une forme courtoise, c’était en somme un ordre de marcher qu’il recevait, le prince s’était donc soumis, et le 3 il fit préparer l’ordre de départ. Celui-ci était fixé au 4. Le 4 août de grand matin, la IIIe armée, composée, on s’en souvient, de deux corps Bavarois, d’un corps Badois-Wurtembergeois, et de deux corps Prussiens[1], devait quitter ses cantonnements au sud et à l’est de Landau, et se porter vers la frontière en utilisant les diverses routes qui y conduisaient. La route de Landau à Wissembourg fut affectée à l’aile droite, celle de Germersheim à Lauterbourg à l’aile gauche, et les chemins intermédiaires au centre[2]. Les heures de départ avaient été en outre calculées de manière à ce que tous les corps de première ligne fussent en état d’aborder la Lauter en même temps.

Lorsque cette masse de 150,000 hommes, se mit en marche à l’aube du 4 août, le temps était humide et sombre; il avait plu la veille et même un peu pendant la nuit[3]. Cette circonstance nuisit, paraît-il, à la régularité de la marche. Quand sur les huit heures du

---

1. Tous les corps allemands étaient formés à l’effectif de 30 000 hommes.

2. *La Guerre franco-allemande*, par le grand état-major prussien, traduction du commandant Costa de Serda, 1er vol., pp. 173 et 174.

3. *Souvenirs de campagne*, par A. Duruy. — *Revue des Deux Mondes*, mai et juin 1871.

matin, la division Bothmer du IIe corps bavarois arriva à Schweigen en vue de Wissembourg et de la division Douay, le Ve corps prussien qui marchait à sa gauche, et qui devait se présenter en même temps par Saint-Rémy, en était encore à plus de deux lieues. Cependant le général Bothmer ouvrit le feu (voir la carte n° 3).

La petite ville de Wissembourg, près de laquelle allait se livrer le premier combat de cette longue guerre, est située sur la Lauter même, à une vingtaine de kilomètres ouest de Lauterbourg, sur la voie ferrée qui va de Strasbourg à Mayence par Neustadt et Landau. Place forte autrefois, mais déclassée depuis deux ou trois ans, à l'époque de la guerre, elle avait été fort connue jadis par ses lignes de défense, dont l'établissement remontait au commencement du xviiie siècle. Ces lignes construites sur la rive droite de la Lauter, couraient des Vosges jusqu'au Rhin, et fermaient hermétiquement la dépression comprise entre le fleuve et la montagne [1]. Il s'ensuivait que si une armée étrangère voulait entrer en Alsace par le Palatinat, elle ne pouvait le faire que par un acte de vive force, c'est-à-dire en livrant bataille et en les emportant.

----

1. Voir la carte n° 3.

Cette situation leur valut à diverses époques un rôle important. En 1793, notamment, les Français et les Autrichiens se les disputèrent. Mais l'expérience ne justifia pas toujours leur réputation. Cette même année 1793, Wurmser en délogea les Français, et en fut lui-même délogé à son tour, ce qui prouve que leur réputation avait été un peu surfaite. Si elles avaient eu le mérite qu'on se plaisait à leur accorder, il eut été plus facile de s'y maintenir et de les défendre.

Mais, s'il en était déjà ainsi au siècle dernier, c'était bien pis en 1870 ; car en 1870 les *lignes de Wissembourg*, privées d'entretien depuis longues années, avaient tellement souffert des ravages du temps, et même de la main des hommes, qu'en beaucoup d'endroits, elles avaient complètement disparu, et que sur d'autres points on avait de la peine à en retrouver les traces. Ces lignes n'avaient donc plus aucune valeur ; et si leurs épaulements existaient encore, on peut dire, sans crainte de se tromper, que ce n'était plus que de nom.

Quant à la ville elle-même, elle avait été déclassée, nous l'avons vu, et n'avait plus rang de place forte [1]. Elle n'était par conséquent pas armée, et n'avait pour se protéger que son fossé et ses murailles.

---

1. Le décret de déclassement est de 1867.

Aussi Douay, en arrivant sur la Lauter, le 3 août au soir, se garda-t-il bien de s'établir, soit derrière les lignes, soit dans Wissembourg, et accepta-t-il volontiers l'indication qui lui était faite par le général Ducrot, d'une autre position, celle du Geissberg, d'où on commande mieux le pays environnant [1]. Du Geissberg, en effet, on découvre parfaitement à droite, la grande plaine du Rhin, à gauche les sommets étagés des Vosges, et en avant, au-delà de la frontière, le pays allemand. Cette position semble donc au premier abord tout à fait avantageuse, surtout si on possède assez de forces pour garnir suffisamment Wissembourg et Altenstadt, qui en sont comme les postes avancés. Mais elle a pourtant un défaut, dont il faut se méfier avec soin, si l'on veut y être en sûreté, c'est de présenter de l'autre côté de la Lauter, à droite comme à gauche, des bois immenses, dont les taillis s'étendent à perte de vue dans la direction du nord. A gauche on a le Mundat, à droite le Bien-Wald. Le Bien-Wald est particulièrement dangereux, parce que, à la faveur de ses fourrés, et des routes venant d'Allemagne qui le traversent, une armée ennemie peut s'approcher de la position sans être vue.

---

1. Abel Douay avait été provisoirement placé sous la direction de Ducrot.

Le général qui s'établit au Geissberg, doit donc, avant tout, faire preuve de vigilance; il doit, s'il ne veut pas s'exposer aux suprises, faire battre les avenues de ces bois par de fréquentes patrouilles de cavalerie.

Mais nous le répétons, Abel Douay n'était là qu'en passant; et puis il était bien loin de s'attendre à une attaque. Considérant, au contraire, comme inspirés par la crainte, les renseignements que lui fournissait le sous-préfet de Wissembourg, il ne refusait pas seulement d'y ajouter foi, il s'obstinait, malgré ces renseignements, à croire l'armée prussienne encore loin, et la jugeait même peu capable de prendre l'offensive. Aussi fut-il bien étonné lorsque le 4 vers huit heures du matin, le canon ennemi commença à se faire entendre [1].

Le matin de bonne heure, un escadron de chasseurs était pourtant allé en reconnaissance, et était revenu en annonçant qu'il n'avait rien vu. Comment

____

1. *Wissembourg au début de la guerre de 1870,* par Hepp. C'était une erreur fort répandue chez nous avant 1870, que l'armée prussienne n'était pas très propre à la guerre offensive. D'où venait cette erreur? D'une confusion probablement, car depuis plus d'un siècle, chaque fois que la Prusse avait fait la guerre, elle avait presque toujours cherché à prendre l'initiative des opérations. On confondait probablement l'armée prussienne avec l'armée allemande, celle de l'ancienne confédération germanique. Mais ce qui était vrai pour celle-ci, ne l'était pas pour celle-là. Sadowa aurait dû nous ouvrir les yeux.

cela se fait-il ? Comment expliquer cette surprise incroyable ? Cela n'est pas difficile. C'est qu'en effet l'escadron en question avait opéré, hélas! comme nous avions trop l'habitude de le faire alors. Au lieu de pénétrer profondément dans la forêt, la Lauter passée, il avait brusquement appuyé à droite, puis descendu le cours d'eau jusqu'à Saint-Rémy, et parvenu à Saint-Rémy, il l'avait repassée pour effectuer son retour [1]. La région qu'il s'agissait d'explorer, ayant été ainsi laissée de côté, il n'est pas étonnant que nos cavaliers n'eussent rien vu. Voilà comme se produisit cette surprise étrange, et comment aussi une division française de cinq ou six mille hommes fut amenée à se battre contre trois ou quatre divisions allemandes, d'un effectif cinq ou six fois au moins supérieur au sien [1]. La surprise fut complète.

----

1. *Souvenirs de campagne*, par A. Duruy.

2. La division Abel Douay se composait du 1er régiment de tirailleurs algériens (turcos), du 16e bataillon de chasseurs et des 50e, 74e et 78e de ligne. Douay avait en outre avec lui une brigade de cavalerie légère sous les ordres du général de Septeuil. Mais toutes ces troupes ne donnèrent pas à Wissembourg. Il est certain, en effet, que le 4 août, Abel Douay ne disposait que de huit bataillons d'infanterie, de trois batteries d'artillerie et d'une compagnie du génie. Ces huit bataillons appartenaient, savoir : 3 au 1er régiment de tirailleurs, 3 au 74e de ligne et 2 au 50e. Quant au 16e bataillon de chasseurs, au bataillon du 50e et aux trois bataillons du 78e qui n'étaient pas présents, ils étaient les deux premiers à Seltz avec la cavalerie Nansouty, et ceux du 78e au col de Pfaffenschlick, afin d'établir liaison avec la division Ducrot. Les huit bataillons engagés avec les trois batteries et la compagnie du

Nos hommes faisaient la soupe, lorsque le premier obus tomba sur Wissembourg.

Cependant le général Douay, en vieux soldat d'Afrique, habitué au danger, ne perdit pas la tête[1]. Au premier coup de canon, il monta à cheval, et sans attendre son escorte qu'il eut à peine le temps d'appeler en passant au galop devant elle, il se dirigea vers ses campements[2]. Sa décision, il faut lui rendre cette justice, fut aussi prompte qu'énergique. La gare par sa position, la ville par ses murailles, étaient capables de résistance; il résolut d'y tenir vigoureusement, et de ne ramener la défense en arrière, que lorsque l'ennemi épuisé, aurait perdu une partie de ses moyens.

L'artillerie partit donc au grand trot, suivie au

-----

génie, formaient, d'après les calculs du major Etienne et du médecin-major Baelen cités par l'auteur de *Wissembourg au début de la guerre de 1870*, un effectif de 5,343 hommes. Ces 5,343 hommes luttèrent pendant six heures contre 31 bataillons allemands et 15 batteries, soit 32,500 hommes. — Voir la déposition du maréchal Mac–Mahon dans l'enquête parlementaire. *La Guerre franco-allemande,* par l'état-major prussien, 1er vol., p. 177, et les notes du traducteur de celle-ci, le commandant Costa de Serda, placées à la fin du volume.

1. *Souvenirs de campagne,* par A. Duruy.

2. Abel Douay avait passé la nuit dans une habitation située au pied des pentes du Geissberg.

A moi, mon escorte! cria-t-il en passant devant sa cavalerie. — *La Cavalerie française en 1870,* par le colonel Bonie.

pas de course par le 1er régiment de tirailleurs algériens (turcos). Une partie des troupes passa la rivière, l'autre s'établit dans la gare du chemin de fer[1]. Celle qui franchit la Lauter s'avança jusqu'à la hauteur de la route de Landau. De là on commençait à entrevoir les Allemands couchés dans les vignes; les ornements dorés de leur casque, brillant à travers les pampres verts, permettaient de les distinguer assez nettement; une fusillade serrée commença bientôt[2].

En ce moment l'artillerie bavaroise, qui la première avait ouvert le feu, tirait déjà avec beaucoup de vivacité. Son feu concentré sur la partie orientale de la ville, venait d'y allumer plusieurs incendies, d'y blesser même deux ou trois personnes. Mais le mal qu'elle causait à nos troupes était en somme insignifiant, si insignifiant que celles-ci discernant mal le but de cette canonnade, se demandaient où l'ennemi voulait en venir. Est-ce que par hasard le général Bothmer espérait nous en imposer à l'aide de ce vacarme? Le mot de cette énigme ne tarda pas à être connu.

En canonnant vivement Wissembourg par sa partie orientale, le général Bothmer se proposait

---

1. *La Guerre franco-allemande*, 1er vol., pp. 177 et 178.
2. *Souvenirs de campagne*, par A. Duruy.

d'attirer notre attention de ce côté, de nous faire
craindre une attaque sur ce point, et de nous amener ainsi à dégarnir la porte de Bitche qui se trouve
à l'autre extrémité, et qui serait alors facile à enlever. L'idée était assez juste; elle aurait pu réussir.
Pourtant le projet échoua. Quand la colonne, dont
la porte en question était l'objectif, voulut s'en approcher, elle fut fusillée à bout portant par un détachement du 74e de ligne. Tous les assaillants furent
tués ou précipités dans la vase des fossés.

Cet échec mit les Bavarois dans l'embarras; le
V^e corps prussien sur lequel ils comptaient n'arrivait
pas, et les Français pouvaient d'un moment à l'autre
prendre l'offensive. S'ils avaient donc pu suspendre
le combat jusqu'à l'arrivée de leurs alliés, ils l'auraient fait volontiers, car ils n'avaient pas encore
alors en eux-mêmes la confiance que le succès leur
donna dans la suite. Mais la chose n'était pas facile,
et l'eût-elle été, qu'on ne pouvait pas le faire sans
affaiblir le moral des troupes. Le mieux était par
conséquent de poursuivre l'engagement, et c'est ce
que fit le général bavarois. Il venait d'échouer
contre la porte de Bitche; il se tourna contre celle
de Landau. Mais ici encore il ne fut pas heureux.
Son artillerie, qu'il avait portée en avant, souffrit
tellement du feu de notre infanterie, qu'elle vit en
très peu de temps ses servants décimés, ses atte-
lages ravagés, et en fin de compte deux de ses

batteries sur quatre obligées de déserter la lutte[1].

Jusque-là, on le voit, la tournure du combat était entièrement à notre avantage. Nulle part l'ennemi n'avait réussi à entamer les Français, et s'il s'était montré plus entreprenant du côté de la ville, qu'en avant de la gare, il n'avait pas trop lieu de s'en réjouir. Ses troupes qui revenaient de la porte de Landau, et de la porte de Bitche, étaient là pour le dire. Cela dura ainsi jusqu'à l'arrivée des corps prussiens, ce qui eut lieu vers dix ou onze heures.

Mais à onze heures, le Ve corps, si impatiemment attendu par les Bavarois, se présenta enfin. Il débouche par Altenstadt, tandis que sur la droite de notre position, dans le lointain, se montrent les premières troupes du XIe corps. Il en résulte qu'un peu avant midi, la division française se trouve en présence de forces triples de la sienne. Les Bavarois sont toujours aux prises avec sa gauche ; l'avant-garde du Ve corps fait face à son centre, et une brigade du XIe menace sa droite. La situation, sans être encore inquiétante pour nous, change donc sensiblement. La présence du XIe corps surtout, devient gênante, parce que la direction de sa ligne de marche, expose notre camp du Geissberg à être tourné. Mais Abel

----

1. *Revue des Deux Mondes*, de juin 1871, et 1er vol. de l'ouvrage de l'état-major prussien, p. 181.

Douay a prévu ce danger, et y a paré dans la mesure
du possible. Il replie aussitôt sa droite avec laquelle
il forme un crochet défensif, et quand ce mouvement
est achevé, notre fusillade reprend avec une activité
nouvelle[1]. La lutte a été vive jusque-là. Elle va maintenant devenir ardente et terrible.

Toutefois, elle ne prit pas immédiatement ce caractère. Avant de rien entreprendre de nouveau, l'ennemi tenait à s'emparer de la ville, et avait à cet
effet réuni une grande quantité d'artillerie en face de
la porte de Landau. Celle des Bavarois lui paraissant
insuffisante, il lui avait adjoint une partie de celle
du Ve corps, afin de battre cette entrée de la place,
et de la ruiner rapidement. L'opération était d'ailleurs depuis un moment devenue plus facile, car
le général Douay, en vue sans doute de donner
plus de force à sa ligne en la resserrant, venait
d'évacuer le faubourg voisin. L'attaque pouvait donc
recommencer, et cette fois avec plus de chances de
succès. C'est ce qui arriva. L'ennemi canonna la
porte et la démolit, et quand il l'eut démolie, il se
précipita en masse dans la ville.

Un bataillon du 74e de ligne, que Douay y avait
laissé la veille, essaya en vain de contenir le flot.
Après une lutte des plus honorables, il fut mi-

----

1. *La Guerre franco-allemande*, 1er vol., p. 185.

traillé, refoulé, finalement enveloppé et obligé de se rendre[1].

L'affaire fut encore plus chaude du côté du chemin de fer. Là, le général Pellé occupait avec la gare, quelques constructions voisines qui en protégeaient les abords. Le poste était solide, et surtout important. Son importance tenait principalement à ceci :

La voie ferrée de Strasbourg à Landau, qui court du sud au nord, fait un léger circuit avant d'atteindre la Lauter, de sorte qu'en sortant de la gare de Wissembourg, elle se développe à l'est. Ce n'est qu'après avoir dépassé Altenstadt qu'elle reprend de nouveau sa direction vers le nord. Il s'ensuivait que tant que nous restions maîtres de la gare, le Ve corps prussien se trouvait immobilisé, car d'Altenstadt, il ne pouvait s'avancer contre le Geissberg qui se trouve au sud, sans nous prêter le flanc. Les Français avaient donc un intérêt considérable à garder ce poste, et les Prussiens à leur enlever. Aussi la défense sur ce point fut-elle aussi brillante qu'opiniâtre.

---

1. En même temps que les Allemands entraient par la porte de Landau dans Wissembourg, ils y pénétraient aussi par celle de Haguenau, sans que jusqu'à présent on ait bien pu savoir comment, car cette porte ne fut ni attaquée, ni enlevée de vive force. — *Wissembourg au début de la guerre de 1870*, par Hepp,

Plusieurs fois les Prussiens tentèrent l'assaut sans obtenir le moindre résultat[1]. Ils s'avançaient généralement contre les lignes françaises, formés sur plusieurs colonnes, et en bon ordre ; puis arrivés à une certaine distance de nos tirailleurs, ils prenaient leur élan. Mais ils n'avaient pas fait cinquante pas que notre feu les avait déjà couchés à terre par centaines ; tout était compromis alors, et il fallait recommencer.

Voilà quelle était, à peu près, la situation vers midi, lorsqu'un véritable malheur vient surprendre nos troupes : leur commandant en chef fut tué. Le général Douay (Abel) se tenait en ce moment au milieu de sa batterie de mitrailleuses, qui, des flancs du Geissberg, tirait pour appuyer les efforts héroïques de nos tirailleurs, quand tout à coup un obus ennemi s'abattit près de lui, et lui déchira le ventre. Aussitôt on le transporta dans une ferme voisine, la ferme du Schawbuck, où la plaie fut pansée. Mais tous les soins restèrent inutiles ; la blessure était mortelle. Peu de temps après, l'intrépide général expira[2].

La nouvelle de ce malheur n'était pas faite pour donner de l'élan aux troupes ; elle aurait même pu les décourager. Néanmoins, il n'en fut rien. Elle les excita plutôt, car la lutte, au lieu de mollir, s'envenima encore. La gare était toujours le point de mire

----

1. *La Guerre franco-allemande*, 1ᵉʳ vol., p. 156.
2. Le *Moniteur universel*, du 24 août 1870.

des Allemands qui revenaient sans cesse à la charge. Mais à chaque attaque, nous répondions par de si furieuses ripostes, qu'ils se seraient certainement lassés, si leur supériorité numérique n'avait pas été aussi considérable.

Nos soldats ne se pressaient pas trop; ils laissaient ordinairement approcher les Prussiens jusqu'à petite portée de fusil; puis ils ouvraient le feu. Mais à ces distances rapprochées, les effets du chassepot devenaient terribles; en quelques minutes, les colonnes allemandes perdaient toute spontanéité, même toute cohésion. C'est l'instant que choisissait le général Pellé pour les faire charger. Les turcos partaient au pas de course en poussant des cris frénétiques, et, en quelques bonds, arrivaient sur l'ennemi. Mais celui-ci attendait rarement le choc; le plus souvent il lâchait pied, et en aussi peu de temps qu'il en faut pour le dire, ses troupes étaient refoulées et l'espace nettoyé. Pendant plus d'une heure, cette tactique nous réussit à souhait.

Cependant la lutte ne pouvait pas durer indéfiniment dans ces conditions. Nous n'avions sur ce point guère plus de deux mille hommes, et ces deux mille hommes supportaient maintenant les efforts de toute la division bavaroise, et de l'avant-garde du V⁰ corps[1].

------

1. Le 1ᵉʳ régiment de turcos comptait 2,256 hommes.

Du reste, les munitions commençaient à s'épuiser, et si nous avions infligé à l'ennemi de grosses pertes, un grand nombre des nôtres gisaient aussi sanglants sur le terrain du combat. Il vint donc un moment où l'évacuation des bâtiments du chemin de fer s'imposa comme une nécessité urgente, comme une nécessité à laquelle il était sage de se soumettre à temps, car les Allemands, avec leurs effectifs inépuisables, étaient capables plus tard de masquer la gare, et de se glisser entre elle et notre camp du Geissberg.

Pourtant, avant de se retirer, les turcos voulurent encore une fois voir les Prussiens en face. Il se portèrent donc en avant de nouveau, et attaquèrent à la baïonnette. Mais cette action vigoureuse ne changea rien à l'état des choses sur ce point. L'ennemi refoulé revint bientôt à la charge, et la retraite des turcos dut commencer. Le deuxième acte de ce drame terrible était terminé, le troisième eut pour théâtre le Geissberg.

Pour le défendre, le général Pellé qui avait pris le commandement de la division, après la mort d'Abel Douay, appuya son centre au château qui couronne la colline, et attendit que le mouvement offensif des Prussiens se dessinât. Un peu d'apaisement s'était produit dans la lutte après l'évacuation de la gare, et du haut du Geissberg, on voyait distinctement le Ve corps déployé autour d'Altenstadt, et de grosses colonnes du XIe en marche sur notre droite.

Deux chemins conduisaient les Prussiens au château centre de notre position; celui d'Altenstadt et un autre qui descend par le revers oriental du coteau, vers la ferme du Gutleithof. Mais ce dernier fut laissé de côté, parce que sa position ne cadrait pas avec le rôle confié au XIe corps, de déborder la droite française. Ce chemin effectivement aboutissait de notre côté sur le front même de nos lignes, et si l'ennemi voulait s'en servir, il était obligé d'exécuter un mouvement de flanc sous le feu de nos troupes. Les Prussiens du XIe aimèrent donc mieux marcher à travers champs, en prenant leur point de départ un peu au sud de la ferme. Quant à ceux du Ve, n'ayant aucune raison de ne pas suivre celui d'Altenstadt, ils l'utilisèrent. Dès que les uns et les autres eurent leurs bataillons en ordre, l'attaque du Geissberg commença.

Le Ve corps débouche d'Altenstadt, traverse la grande route de Lauterbourg, ensuite la voie ferrée et arrive ainsi au pied de la hauteur. La brigade Montmarie ayant alors replié ses tirailleurs, l'adversaire crut qu'épuisés par cette lutte inégale, nous nous résignions enfin à nous retirer. Mais l'illusion fut courte. Tout à coup une pluie de mitraille s'abat sur la colonne ennemie qui s'avance, la brise et l'accable; la brise si bien que nos troupes, de leurs positions, voient aussitôt ses tronçons exécuter des mouvements désordonnés, l'un avançant encore, un

autre reculant, un troisième tourbillonnant sur lui-
même comme étourdi et affolé. C'est en vain que
les officiers montrent du geste et de la voix le château à leurs hommes, qu'ils essaient de les entraî-
ner une seconde fois. Un nouvel effort semble impossible, tant le désarroi est grand, le découragement
profond, la débandade imminente.

Mais l'artillerie allemande est là pour réparer
l'échec de son infanterie. Dès qu'elle s'aperçoit du
danger de celle-ci, elle monte à son tour sur la hauteur, et vient prendre position à droite et à gauche
du château qu'elle commence à canonner avec violence. Ce que la bravoure de l'infanterie allemande
n'avait encore pu faire, les obus l'accomplirent alors
en peu d'instants. La construction bientôt éventrée
de tous les côtés devint absolument intenable, et sa
garnison fut obligée de capituler. Tel fut le dernier
épisode de ce drame tragique.

Après la prise du château, une plus longue résistance était inutile, parce que notre ligne, déjà débordée par sa droite, se trouvait percée par son centre. Pendant l'attaque du Geissberg par le Ve corps,
le XIe avait, en effet, gagné notre extrême droite, et
s'était avancé jusque sur nos communications. La
retraite était donc nécessaire, urgente même, car il
était déjà tard pour y songer. Toutefois elle s'opéra
très bien, grâce à la timidité, ou peut-être à la fati-
gue de l'ennemi, qui n'osa pas nous poursuivre. Nos

troupes se retirèrent en bon ordre, et sauf une mitrailleuse démontée et perdue au cours de la lutte,
elles emmenèrent tout leur matériel.

La nouvelle de cette malheureuse affaire se ré-
pandit dans Paris le 5 août dans l'après-midi, et y
causa une impression des plus tristes. Là, comme
partout, la population avait une foi aveugle dans la
supériorité de nos troupes, et elle s'apercevait tout à
coup que sous plus d'un rapport, cette supériorité
n'était rien moins que démontrée. La déception fut
donc générale; elle fut si rude qu'un instant on exagéra même l'étendue de notre défaite. La mort d'Abel
Douay, et la perte d'un de nos canons mentionnée
dans la dépêche communiquée par le ministère, servaient surtout de thème aux commentaires de la
foule.

Pour les uns la mort du général Douay n'était
que le prélude de bien plus grandes catastrophes;
pour les autres, elle signifiait simplement qu'à Wissembourg chacun avait dû marcher, et payer de sa
personne, le commandant en chef, comme le dernier
de ses soldats. Mais tout le monde était d'accord pour
déplorer la capture d'une de nos pièces; car cette
pièce était une mitrailleuse, une de ces mitrailleuses
dont nous croyions avoir seuls le secret. Or, disait-
on, c'était là un trophée que les Prussiens ne man-
queraient pas de mettre à profit pour nous humi-

lier, et pour grossir aux yeux de l'Europe la portée de leur victoire.

Toutefois la réaction ne tarda pas à se produire, et quand on sut que sept ou huit mille Français avaient soutenu pendant de longues heures, le choc de cinquante mille Prussiens, on reprit confiance[1]. On fit cette réflexion que si le combat de Wissembourg, révélait une certaine négligence chez nos troupes, il attestait aussi leur indomptable bravoure. L'avenir par conséquent était réservé.

Au quartier général de Metz, l'émotion ne fut pas moindre, quoique l'état-major français n'en fût plus aux illusions des premiers jours. Les difficultés extrêmes que les régiments rencontraient à se compléter, les corps d'armée à se former, et les troupes de toute arme à se pourvoir du nécessaire, avaient fini par rompre le charme, et le désabuser. Mais si, de ce chef, la déception chez lui devait être moindre, son embarras était double, parce qu'il se compliquait de considérations stratégiques auxquelles naturellement le public restait étranger.

En effet, la brusque irruption du prince royal en Alsace ne comportait pas deux interprétations. Si les

---

1. En réalité, nous l'avons dit, il n'y eut ni huit mille, ni sept mille Français à Wissembourg. Il n'y en eut que cinq mille, six mille au plus.

forces prussiennes qui avaient combattu le 4, avaient été moins nombreuses, on aurait pu ne voir dans cette affaire qu'une reconnaissance dans le genre de celle que nous avions faite nous-mêmes, le 2, à Sarrebruck. Mais nous savions que trois corps allemands, représentant près de cent mille hommes, se trouvaient devant nous ce jour-là, et nous n'étions pas certains que derrière ces trois corps de première ligne, il n'y en eut pas d'autres. La journée du 4 devait donc être autre chose qu'une reconnaissance. Elle constituait, à n'en pas douter, un acte véritable d'agression. Or, s'il en était ainsi, qu'allions-nous faire ? Nous n'étions pas préparés à la défensive, et pourtant la défensive était le seul rôle que très vraisemblablement l'avenir nous réservait.

Fallait-il donner à Mac-Mahon l'ordre de barrer la route de Strasbourg à la IIIe armée allemande. Évidemment, rien ne répondait mieux aux vœux de tous les Français. Mais les forces de Mac-Mahon, même unies au 7e corps, dont le maréchal avait la direction, n'étaient pas en rapport avec celles de son adversaire. Elles étaient insuffisantes pour cela. Fallait-il au contraire ordonner à Mac-Mahon d'évacuer l'Alsace ? Mais évacuer l'Alsace après un combat où une seule de nos divisions avait donné, n'était-ce pas aggraver nous-mêmes notre défaite en lui attribuant une signification qu'elle n'avait pas ? En exaltant surtout le moral de l'armée allemande? Et puis, comment l'opinion publique dont on tenait peut-être trop de compte en cette circonstance, prendrait-elle cette évacuation? Les partis hostiles à l'Empire ne s'en feraient-ils pas une arme contre lui? La situation, on le voit, était assez embarrassante.

Cependant le prince royal était à Wissembourg, à deux pas de nos campements de la Sauer. S'il se jetait avec toutes ses forces sur l'armée du maréchal, celle-ci risquait d'être écrasée, parce que le 1er corps, quelle que fut sa solidité et l'appui qu'il devait recevoir du 7e, ne pouvait pas être raisonnablement opposé à trois corps prussiens, encore moins à quatre. De toute nécessité, il fallait donc prendre un parti, et le prendre de suite, si nous voulions écarter cette éventualité menaçante. Remettre à plus tard le soin pour se décider; attendre, pour le faire, que le prince royal eût repris le contact, aurait été une faute sans excuse, car il était impossible, de mettre cinquante ou soixante mille Français aux prises avec cent ou cent cinquante mille Allemands.

C'est heureusement ce que l'on comprit à Metz. Les nouvelles venues de Wissembourg n'y étaient arrivées que depuis quelques heures, que déjà une résolution avait été adoptée. On s'y était décidé à renforcer Mac-Mahon, en lui adjoignant le corps du général de Failly, qui formait liaison, on se le rappelle, entre nos deux armées d'Alsace et de Lorraine. Comme

une partie des troupes de ce corps (le 5e) était déjà à
Bitche, et que de Bitche aux cantonnements du maréchal il n'y avait qu'une étape, la jonction semblait
certaine et même facile, d'autant plus facile que, pour
franchir cette étape, le général de Failly disposait
de deux routes : de la route ordinaire et de la voie
ferrée qui, par Niederbronn, court sur Reichsoffen et
Haguenau. Le choix du 5e corps était donc logique,
naturellement indiqué.

Mais ce en quoi l'état-major de Metz fut moins
heureux, c'est dans la façon dont il s'y prit pour faire
exécuter sa résolution.

Le 5 août, en effet, dès onze heures du matin,
le maréchal Le Bœuf se mit en communication avec
Mac-Mahon pour lui faire connaître la décision qui
venait d'être prise, et lui dire que le général de
Failly passait sous ses ordres. Mais tandis qu'il aurait dû en faire autant avec ce dernier, s'adresser à
lui, et lui prescrire directement de gagner au plus
tôt la Sauer, en homme peu expérimenté, il crut
qu'un ordre spécial était inutile, que la dépêche en-
voyée à Mac-Mahon suffisait. Or, c'était là une faute,
une véritable faute.

Que le major-général eût confiance dans le maréchal Mac-Mahon, et dans son activité pour attirer
à lui le 5e corps, rien n'était plus naturel, puisque
le maréchal était le premier intéressé dans la jonc-

tion projetée. Mais c'est à la guerre surtout, que deux précautions valent mieux qu'une. A la guerre on a toujours l'ennemi devant soi, et les efforts de celui-ci sont toujours dirigés en sens inverse de ceux que l'on fait soi-même. Dans l'espèce il pouvait parfaitement arriver que l'ennemi pénétrât au moyen de ses coureurs dans le pays boisé de Bitche et de Reichsoffen, qu'il coupât les fils du télégraphe; qu'il enlevât les courriers du maréchal de Mac-Mahon; bref qu'il interceptât momentanément les communications entre le 1er corps et le 5e. Or, le général de Failly n'ayant pas été prévenu directement, que deviendrait la jonction dans ce cas?

Il n'était même pas absolument nécessaire de supposer les communications interrompues, pour qu'un ordre direct envoyé de Metz fût utile, par cette raison qu'à Metz, on ne connaissait pas au juste le sentiment du maréchal sur la situation. Mac-Mahon considérait-il celle-ci comme compromise seulement, ou la croyait-il critique et dangereuse? Cette question oiseuse en apparence, était fort sérieuse au fond, parce que le maréchal, tout en jugeant l'événement de Wissembourg comme tout le monde, pouvait très bien, après tout, le voir sous un jour un peu moins sombre qu'à Metz. La tranquillité avec laquelle les Prussiens l'avait laissé retirer de Geissberg, n'était-elle pas faite pour lui inspirer confiance, pour lui faire croire qu'il avait devant lui

plus de temps qu'il ne lui en fallait pour rallier le
5ᵉ corps? Si on estimait le contraire à Metz, si on y
considérait la jonction comme tout à fait urgente,
on devait donc chercher à l'assurer par tous les
moyens possibles. Il ne fallait pas s'adresser seulement à Mac-Mahon, il fallait avertir aussi le général de Failly, et le pousser directement sur la Sauer.
Sous le rapport de la régularité, d'ailleurs, un ordre
direct était nécessaire, n'eût-ce été que pour bien
définir la situation de celui-ci.

Mais, ainsi que nous l'avons dit, on n'entra pas
dans tous ces détails à Metz, et quand le major-général eut télégraphié à Mac-Mahon, que le 5ᵉ corps
passait sous ses ordres, il crut de bonne foi que la
jonction pouvait être considérée comme faite, et la
situation comme rétablie dans la vallée du Rhin.

Dans la vallée de la Sarre, où la prudence la plus
élémentaire conseillait de se garder contre quelque
surprise du genre de celle que nous venions d'éprou-
ver sur la Lauter, l'action du grand quartier général fut encore plus insuffisante. Là nos troupes formaient tout le long de la basse Lorraine un espèce
de cordon qui, nous l'avons dit, avait ses avantages
dans une marche en avant, mais qu'il était dangereux de vouloir garder dans une lutte défensive. Or,
quelles modifications notre état-major apporta-t-il
à cette formation? aucune ou à peu près, car il

semble, au contraire, n'avoir eu qu'un souci, celui
de conserver intact ce cordon. Ainsi le départ du
5e corps pour l'Alsace, laissait un petit vide à Sarreguemines, vite on y envoya une division du
3e corps, celle du général Montaudon pour le combler. Il ne fallait pas, en effet, qu'une souris pût
passer entre les anneaux de notre chaîne, car cette
souris évidemment eût été capable de tout boule-
verser. Il est vrai que pour donner plus de force
au commandement, et plus de consistance à notre
ligne, on se décida à Metz en ce moment, à mettre
toute notre armée de la Sarre sous les ordres du
maréchal Bazaine, et à faire exécuter à nos divers
corps un léger mouvement à droite. Mais ce
mouvement fut beaucoup trop insignifiant pour
atténuer d'une manière sensible le vice résultant
de notre formation première. Il resta à peu près
inutile, car après qu'il eut été exécuté, notre front
présentait encore un développement de quatorze
lieues environ. Après comme avant Wissembourg
notre armée de Lorraine resta donc disséminée.

La punition de pareilles fautes ne devait pas se
faire longtemps attendre.

REICHSOFFEN

CHAPITRE VI

Reichsoffen.

Après Wissembourg, la division Douai, maintenant division Pellé, s'était rabattue par le col du

Pigeonnier et la route de Bitche sur Frœschwiller, où elle avait retrouvé Mac-Mahon [1]. Une grande activité régnait déjà autour de ce village, et aux quantités considérables de troupes qui y affluaient sans cesse, on devinait facilement que de gros événements se préparaient.

La position de Frœschwiller offrait au maréchal plusieurs avantages. Premièrement elle couvrait les défilés de la Petite-Pierre et de Lichtenberg, qui le mettaient en communication avec l'armée de Metz [2]. Et secondement elle lui permettait d'agir sur les flancs et les derrières de son adversaire, au cas où celui-ci au lieu de rechercher la bataille, marcherait par Haguenau sur Strasbourg [3]. Mais ces avantages stratégiques n'étaient pas les seuls. Sous le rapport tactique, la position était bonne aussi.

---

1. Toute la division ne s'écoula pas par le col du Pigeonnier. Une partie des troupes, celle surtout qui avait été refoulée au sud du Geissberg, passa par les cols de Cléébourg et de Pfaffenbronn. Quant au 74° de ligne, qni avait été rejeté sur Bremmelbach, il gagna Soultz et Haguenau, d'où il fut transporté ensuite, par voie ferrée, le 5, à Reichsoffen. Il en fut de même de l'infanterie qui était à Seltz. Voir à la fin du 1er volume de *La Guerre franco-allemande*, les notes du traducteur, notes extraites du *Bulletin de la Réunion des officiers.*

2. C'est l'état-major de Metz qui, après Wissembourg, avait ordonné à Mac-Mahon de prendre une position latérale pour couvrir ces défilés.

3. *Histoire de la guerre de 1870*, par C. Farcy.

Le terrain sur lequel elle est assise, s'étend de Neehwiller à Morsbronn, et fait partie d'un contre-fort des Vosges qui s'élève entre la Sauer et un affluent de la Zintzel, le Falkeinsteinerbach. D'un aspect très varié dans toute son étendue, ce contre-fort présente tour à tour des bois, des villages, des ravins, des terres cultivées, et à peu près partout aussi des hauteurs mamelonnées qui s'abaissent en pente rapide sur le Sauer. (Voir la carte n° 4.)

Au centre de ces hauteurs à peu près, et sur la crête, se trouve Frœschwiller, à gauche, c'est-à-dire au nord, et un peu en arrière, Neehwiller, à droite Elsasshausen, à l'extrême-droite Morsbronn, qui est séparé d'Elsasshausen, par le bois dit Niederwald, et la ferme du Lansberg.

Lorsqu'on sort de Frœschwiller par la grande route qui mène dans l'est, le coup-d'œil est fort agréable. Le voyageur aperçoit à ses pieds une verte vallée arrosée par une jolie rivière, puis au-delà de la rivière, une série de mamelons presque identi-ques à ceux sur lesquels il marche, et garnis aussi de plusieurs villages. Nous citerons Gœrsdorf, Dief-fenbach, Oberdorf et Gunstett. Gœrsdorf, caché par un mouvement de terrain, se trouve en face, c'est-à-dire à l'est, et légèrement à gauche, Dieffenbach et Oberdorf en face aussi, mais légèrement à droite. Enfin, tout à fait à droite, vers le sud, Gunstett. Gunstett par sa situation topographique est donc opposé au Lansberg, Diffenbach à Elsasshausen, et Gœrsdorf à Frœschwiller. Preuschdorf se trouve dans la direction de Dieffenbach, mais plus loin, hors de la vue et de la portée du canon de Frœschwiller.

Quant à la Sauer, dont il est ici question, elle vient du nord, et coule du nord au sud depuis la frontière, jusqu'au-dessous de la position que nous étudions. Jusqu'à Gœrsdorf, les terrains qu'elle traverse, sont si accidentés, que son lit resserré entre les pentes, ressemble plutôt à celui d'un torrent qu'à celui d'une rivière. Mais à partir de ce point, le pays s'ouvre, la vallée s'agrandit, de sorte qu'en face d'Elsasshausen, il règne entre la rivière et les hauteurs de la rive droite, une longue bande de terre, plate et unie, recouverte de prairies seulement, et d'une largeur moyenne de cinq ou six cents mètres. Au centre de ces prairies, sur la grande route dont nous venons de parler, et à cheval sur la Sauer, s'élève la petite ville de Wœrth, qui est ainsi comme un trait d'union entre Frœschwiller et Preuschdorf.

Cela dit, il n'est pas nécessaire d'être bien familier avec les choses de la guerre pour se rendre compte de la valeur de la position. Jetons seulement un coup d'œil sur la carte. (Cartes n°s 2 et 4.)

L'attaque venant de Wissembourg, trois routes principales conduisaient l'ennemi dans le pays de

Frœschwiller : la première, celle de Wissembourg à Langensultzbach par Lembach et Mattstall ; la seconde, celle de la même ville à Wœrth par Soultz et Preuschdorf ; la troisième, celle de Soultz à Gunstett par Surbourg. (Voir la carte n° 2.) Mais que l'ennemi se présentât par l'une ou l'autre de ces routes, les difficultés qu'il avait à surmonter étaient à peu près égales ; il se heurtait toujours à des obstacles sérieux et difficiles à tourner [1].

S'il attaquait, en effet, au-dessous de Gœrsdorf, que ce fût par Dieffenbach ou par Gunstett, il était obligé de franchir sous notre feu la Sauer, qui sert de fossé au retranchement naturel de Frœschwiller ; puis de s'engager dans des prairies battues aussi par notre feu, et dont le sol uni comme un miroir, ne lui offrait aucun abri. La traversée des prairies surtout menaçait d'être meurtrière, si la défense occupait Wœrth, à cause de la position particulière de cette ville. Wœrth est posée dans la vallée de la Sauer, comme une caponnière dans le fossé d'un ouvrage fortifié. Celui qui en dispose peut diriger des feux redoutables sur les colonnes qui ont passé

---

1. Nous supposons ici que la défense s'étend au moins jusqu'à Morsbronn et qu'elle est en état de battre, avec son artillerie, l'espace ouvert qui règne entre ce village et la forêt de Haguenau. S'il en était autrement, la position perdrait évidemment de sa solidité.

la rivière dans le voisinage, et veulent ensuite se porter en avant.

En attaquant, il est vrai, au-dessus de Gœrsdorf, les Prussiens évitaient les prairies, et se procuraient du même coup l'avantage de traverser la Sauer hors de notre vue. Mais une fois parvenus au Sultzbach, petit affluent de droite de la Sauer, ils avaient par contre devant eux un pays abrupte, hérissé de bois, où la vue est bornée, ce qui rend la conduite des opérations difficile. Ce n'est donc point chose commode pour l'assaillant, nous ne dirons pas d'enlever les hauteurs de Frœschwiller, il n'est pas question encore de cela, mais seulement d'en approcher et d'arriver jusqu'à leur pied.

Supposons cependant que l'ennemi y a réussi, qu'il a forcé le passage de la Sauer, et que, malgré de grosses pertes, il est parvenu à se maintenir dans les prairies. La défense, quoique serrée de plus près, n'est pas encore pour cela dans une situation que l'on puisse appeler mauvaise. L'ennemi a franchi la Sauer, c'est vrai ; il est arrivé au pied des hauteurs, c'est encore vrai ; mais le plus difficile reste à faire, l'attaque de la position proprement dite n'ayant pas encore commencé. Il s'agit maintenant d'enlever ces hauteurs garnies de bois et de villages, où tout est disposé pour la résistance. Il faut pénétrer dans ces bois, y pénétrer malgré les efforts de la défense, puis entrer de vive force dans ces villages et ces hameaux, dont les abords sont retranchés, et les maisons crénelées. Si rien n'est facile à la guerre, il est certain que l'opération dont nous parlons sera plus sanglante que beaucoup d'autres.

Nous en revenons donc à ce que nous disions tout à l'heure, à savoir que la position de Frœschwiller était avantageuse sous tous les rapports. Que Mac-Mahon fût obligé de livrer bataille au prince royal, ou qu'il dût se borner à surveiller sa marche, le terrain qu'il avait choisi répondait parfaitement à ces diverses éventualités. De Frœschwiller il couvrait certainement aussi bien Strasbourg que s'il s'était directement établi sur la ligne d'opérations de ce prince.

Mais, le maréchal, nous devons le dire, était bien tranquille à l'égard de Strasbourg, car il ne croyait pas son adversaire assez audacieux pour exécuter presque sous ses yeux une marche de flanc, qui sans lui procurer aucun avantage notoire, découvrait ses communications. Pour Mac-Mahon, il n'y avait qu'une chose probable, certaine même, c'est qu'il serait attaqué. Le serait-il le 6, ou le serait-il le 7 ? Là-dessus seulement il était resté tout d'abord indécis, parce que s'il y avait des raisons en faveur du 6, comme par exemple, le peu d'éloignement des deux armées ; il y en avait aussi en faveur du 7. Cependant le maréchal, après réflexion, s'était décidé pour le 7 [1], par ce motif que la poursuite après Wissembourg ayant été nulle, les Prussiens ne savaient pas au juste où nous étions, et qu'ils devaient nécessairement perdre un certain temps à retrouver nos traces. Nous verrons bientôt si ce calcul était juste.

Le 5 août, en arrivant à Frœschwiller, Mac-Mahon reconnut donc soigneusement le terrain sur lequel il allait se battre, et quand, dans le cours de cette journée (onze heures), il reçut du major-général Le Bœuf, la dépêche qui mettait le général de Failly sous ses ordres, il envisagea l'avenir avec une certaine confiance [2]. Il pouvait en effet attirer à lui tout ou partie du 5ᵉ corps, en faire autant pour le 7ᵉ déjà sous ses ordres, et livrer bataille au prince royal avec huit ou neuf divisions, force suffisante pour vaincre, grâce à la qualité des troupes et à l'avantage du terrain.

Le tout était d'amener ces deux corps assez rapidement à Frœschwiller, pour qu'ils y fussent présents le jour de la bataille. Mais ce point ne préoccupait pas sérieusement le maréchal, parce que ceux-ci en étaient relativement peu éloignés, et qu'ils avaient tous les deux des facilités exception-

---

1. Déposition du maréchal Le Bœuf dans l'enquête parlementaire.

2. *Histoire de la guerre de 1870,* par Amédée Le Faure. Voir la dépêche reproduite p. 106.

nelles pour le rejoindre. Le 5ᵉ corps, notamment,
était, le 5 août, en marche de Sarreguemines sur
Bitche, et devait être, en vertu d'ordres envoyés la
veille du grand quartier général, réuni tout entier
le 5 au soir autour de cette place. Si le général de
Failly partait de ce dernier point le 6, dès la première heure, à deux heures du matin, par exemple,
comme cela n'a rien d'extraordinaire en plein été,
il devait, en supposant qu'il fît la route à pied, déboucher, au plus tard, vers une heure ou deux de
l'après-midi sur Reichsoffen, à quelques kilomètres
en arrière de la position. Mais le général avait un
moyen d'arriver beaucoup plus vite s'il le voulait,
ou si les circonstances l'exigeaient. Il avait sous la
main une voie ferrée entièrement libre, la voie de
Niederbronn, il n'avait qu'à s'en servir. Par chemin
de fer, les premiers bataillons du 5ᵉ corps pouvaient
très facilement toucher à Reichsoffen vers sept
heures du matin.

Quant à Félix Douay, la distance qui le séparait
de Frœschwiller était trop grande pour qu'il pût
utilement voyager à pied. Mais il avait, lui aussi, à
sa disposition, une voie ferrée fort avantageuse qui
lui permettait de marcher rapidement, et s'il était
un peu plus éloigné de la Sauer que ne l'était le
général de Failly, il avait été par contre prévenu dès
la veille, c'est-à-dire le 4, ce qui lui donnait large-
ment tout le temps nécessaire pour accomplir son

mouvement[1]. Le 5 août, lorsque le maréchal rejoignit le 1ᵉʳ corps à Frœschwiller, cette opération de Douay était en pleine voie d'exécution.

Il semblait donc que l'on pût considérer comme certaine l'arrivée en temps utile des 5ᵉ et 7ᵉ corps. Mais Mac-Mahon avait compté sans les incertitudes du général de Failly, et aussi sans l'espèce de malentendu qui allait se produire, malentendu dont il est difficile jusqu'à présent de bien déterminer la cause.

Effectivement, dès que le maréchal eut reçu la dépêche du major-général, dont nous venons de parler, il s'empressa à son tour d'en passer une au général de Failly pour lui faire connaître la décision prise à son égard, et lui dire de venir à lui immédiatement.

Cette dépêche de Mac-Mahon, courte, claire et impérative, si l'on en juge par ce qu'en dit le général de Failly dans sa brochure[2], était, en somme, tout ce que l'on pouvait désirer qu'elle fût dans la crise que l'on traversait. Elle constituait, pour le commandant du 5ᵉ corps, un ordre formel d'avoir à

---

1. La dépêche adressée à Félix Douay est datée de Reichsoffen, le 4 août. Elle arriva à Belfort le même jour, à 4 heures du soir. *Belfort, Reims et Sedan,* par Bibesco, p. 24.

2. *Marches et opérations du 5ᵉ corps,* pp. 11 et 12.

passer les Vosges et rallier le 1er corps sans retard [1].

Elle était donc suffisante, et c'est bien ainsi que le comprit le général, car le maréchal lui ayant demandé peu après, dans une seconde dépêche, quand et par où il arriverait, il répondit : *La division de Lespart est seule à Bitche, et partira le 6 au matin pour vous rejoindre. Les autres divisions suivront aussitôt leur arrivée successive sur ce point.*

Ceci se passait le 5 dans l'après-midi, sur la route de Sarreguemines, et, pendant que les colonnes du 5e corps, en vertu de l'ordre reçu la veille du quartier impérial, s'acheminaient vers Bitche.

Mais le soir du même jour, le général de Failly put atteindre ce dernier poste avec une partie de ses forces. La division Goze l'accompagnait, tandis que la brigade Maussion, de la division L'Abadie, venait à quelque distance en arrière. Celle-ci s'avança jusqu'à Rohrbach. Comme la division Lespart était déjà à Bitche depuis quelques jours, il s'ensuivit que le

---

1. Le général de Failly ne nous donne pas le texte de cette première dépêche, et on a même soutenu quelquefois qu'elle n'a jamais existé. Mais la brochure du général nous paraît catégorique sur ce point. Du reste, s'il y a des lecteurs qui désirent se faire une opinion personnelle sur cette question, ils peuvent consulter l'ouvrage : *Frœschwiller, Châlons et Sedan*, de M. Alfred Duquet, et une étude du même auteur dans le *Spectateur militaire*, du 15 juin 1890. M. Duquet soutient une thèse opposée à la nôtre. Mais c'est justement à cause de cela que nous signalons ses travaux.

5 au soir, tout le 5ᵉ corps, sauf la division L'Abadie, se trouva réuni autour de cette place, prêt à partir pour Reichsoffen. Reichsoffen est le point où la route se dédouble pour courir, d'un côté sur Haguenau et Strasbourg, sur Frœschwiller et Wœrth de l'autre.

Jusque-là, on le voit, tout marchait bien encore, et pourvu que le 5ᵉ corps partît le lendemain de bonne heure, la jonction, même par la route ordinaire, restait possible. Une étape de trente kilomètres n'était pas véritablement au-dessus des forces de nos troupes. Dans des circonstances semblables, elles en ont fait bien d'autres[1].

Mais, par malheur, le lendemain matin, lorsque l'heure de se mettre en route eût sonné, le général

---

1. Le général Lewal, dans ses *Etudes de guerre*, 3ᵉ vol., pp. 131 et 132, cite plusieurs exemples de marches célèbres exécutées par nos troupes.

En 1796, au moment des batailles de Lonato et de Castiglione, la division Augereau fit 50 kil. le 30 juillet et 54 le lendemain. Elle parcourut encore 47 kil. dans chacun des trois jours suivants.

Le 13 janvier 1797, la division Masséna part de Vérone à dix heures du soir pour rallier Bonaparte. Arrivée à Rivoli le lendemain, 14, elle est engagée presqu'aussitôt, et le soir, la bataille gagnée, elle repart pour Vérone. La distance entre cette ville et le village de Rivoli est de 30 kil. Cette division marcha donc toute la nuit du 13 au 14, combattit une bonne partie de la journée du 14, à Rivoli, et marcha encore toute la nuit du 14 au 15.

En 1805, pendant le siège d'Ulm, les grenadiers d'Oudinot, lancés à la poursuite d'un corps ennemi qui s'était échappé de la place, firent maintes fois 14 et 15 lieues par jour.

de Failly resta immobile. Il ne se regardait pas seulement comme obligé, dit-il, de protéger la trouée de Rohrbach et le chemin de fer ; il ne se croyait même pas autorisé à quitter Bitche avant d'avoir rallié le général L'Abadie, ou avant d'avoir reçu les ordres de Mac-Mahon [1].

Nous avouons franchement ne pas bien comprendre toutes ces explications. Nous croyons, au contraire que l'ordre de rallier promptement, donné la veille par le maréchal, subsistait toujours en entier. Mais comme nous ne plaidons ici ni pour, ni contre le général de Failly ; que nous n'avons qu'un souci, celui de dire la vérité ; qu'au surplus tout ce que l'on connaît là-dessus, ou à peu près, on le sait par la brochure du général, nous reproduisons ci-dessous, *in extenso*, tout le passage de celle-ci qui a trait à la question. Le lecteur rectifiera l'erreur, si nous nous trompons [2].

---

1. *Opérations et marches du 5ᵉ corps.*

2. « Le 4 août, dit le général de Failly, à 4 heures 58 minutes du soir, arriva du quartier impérial la dépêche suivante : « Soutenez avec vos deux divisions celle que vous avez à Bitche. »

« Aussitôt les détachements furent ralliés à Sarreguemines, et la division Goze (1ʳᵉ) dirigée sur la ferme de Wissing ; dans la soirée du 5 août, elle atteignait les hauteurs de Bitche, après avoir exécuté, par une grande chaleur, une marche de flanc longue et pénible en présence de partis ennemis. La brigade Maussion (2ᵉ de la 2ᵉ division) vint également camper à Rohrbach dans la soirée du 5 août. Deux alertes successives, l'une de nuit, l'autre au point du jour, retardèrent le lendemain son départ. La brigade

Le 6 août au matin, le commandant du 5ᵉ corps,
ne bougea donc pas, et s'autorisant de certains bruits
qui annonçaient le voisinage de forces ennemies, il
se borna à faire marcher une seule de ses divisions,
sur Reichsoffen, celle du général Guyot de Lespart.
Encore le mouvement de ce dernier commença-t-il

Lapasset (1ʳᵉ de la 2ᵉ division), chargée d'escorter un convoi de
vivres de 600 voitures, ne devait quitter Sarreguemines qu'à l'arrivée de la division Montaudon, du 3ᵉ corps. Cette division ne
parut que le 6 août.

« La brigade Lapasset avait conservé avec elle une batterie
d'artillerie et un régiment de cavalerie (3ᵉ lanciers); elle allait se
mettre en marche pour Bitche, lorsque le 2ᵉ corps fut attaqué. Le
général Montaudon lui fit alors donner l'ordre de rester à Sarreguemines, où le même jour elle dût appuyer le flanc droit du
2ᵉ corps, et le lendemain sa retraite, en lui servant d'arrière-
garde.

« Cette brigade fut perdue pour le 5ᵉ corps.

« Lorsque les deux divisions étaient déjà en marche sur Bitche,
le maréchal de Mac-Mahon fait connaître que, par ordre de l'empereur, le 5ᵉ corps passe sous son commandement, et l'invite à le
rejoindre aussitôt que possible.

« 5 août, seconde dépêche : « Faites-moi connaître quel jour et
« par où vous me rallierez, il est indispensable que nous réglions
« nos opérations. »

« Réponse au maréchal : « La division de Lespart est seule à
« Bitche et partira le 6, au matin, pour vous rejoindre; les
« autres divisions suivront aussitôt leur arrivée successive à
« Bitche. »

« Le 6 août, au point du jour, le général de Lespart, conformément aux ordres donnés la veille, aussitôt la rentrée de ses reconnaissances, rallia ses détachements placés à plusieurs kilomètres
en avant de la ville, réunit ses postes avancés, ses grand'gardes,
et mit sa division en mouvement. Vers six heures, lorsque le
canon se fit entendre, toute sa colonne était en pleine marche.

« Cet officier général avait reçu l'ordre de se mettre, à chaque

trop tard. Il était environ six heures lorsqu'on se mit
en route.

Ce n'est pas tout. La division Guyot était à peine
partie, que le roulement lointain du canon se fit entendre. Les coups rares au début, devinrent ensuite

---

station, en relation télégraphique avec le maréchal et de pousser
son étape, s'il lui était possible, jusqu'à Reichsoffen.

« Dès que le bruit du canon parvint à Bitche, injonction formelle
lui fut donnée de hâter sa marche.

« Ce même jour, à 2 heures, lettre du maréchal de Mac-Mahon,
datée de Frœschwiller (apportée par le commaudant du génie
Moll, parti à 5 heures et demie du matin); elle développe un plan
complet d'opérations et se termine ainsi : « En résumé, envoyez
« le plus tôt possible une division à Philipsbourg, et tenez les au-
« tres prêtes à marcher. »

« L'ordre de rejoindre subissait une modification qui, vu les circonstances, ne fut point observée, et aucun ordre d'arrêter sa marche
ne fut donné au général de Lespart.

« Le maréchal méditait, pour le 7 août, un mouvement en avant
avec le concours du 5ᵉ corps, qu'il destinait à opérer sur le flanc
de l'ennemi.

« Le 6, l'attaque imprévue de Frœschwiller fit avorter le plan
du maréchal en le forçant à combattre sur l'heure.

« La division Lespart avait à parcourir 34 kilomètres dans un
long défilé pour arriver vers le théâtre de l'action.

« Tandis qu'en exécution des ordres reçus, elle forçait son mouvement sur Reichsoffen, son centre fut attaqué vivement à hauteur
de Niederbronn. Obligée de combattre, ses deux brigades furent
séparées et elle essuya des pertes.

« Si donc elle ne put, vu l'énorme distance qu'elle avait à franchir, et le retard causé dans sa marche par l'attaque qu'elle avait
subie, prendre une part plus sérieuse à la bataille de Frœschwiller,
elle put du moins soutenir efficacement le 1ᵉʳ corps et protéger sa
retraite sur Saverne.

« Pendant ce temps, la division Goze hâtait son mouvement
dans les plaines de Bitche pour se tenir prête à faire face à l'en-

si fréquents, si serrés, qu'aucun doute ne fut bientôt plus permis sur le caractère de l'engagement. On se battait évidemment sur la Sauer, on s'y battait violemment. Que fit alors le général de Failly? La voie de Niederbronn était toujours libre. Il y avait à Bitche un matériel considérable de chemins de fer, qui depuis l'ouverture des hostilités, était venu se réfugier sous le canon de la place [1]. A l'aide de ce matériel, il était possible de porter en peu de temps des troupes à Reichsoffen. Quelques bataillons de plus, dira-t-on peut-être, n'auraient pas changé la situation du maréchal sur la Sauer. Ce n'est pas prouvé du tout, répondrons-nous, car il en faut bien peu quelquefois pour changer la face d'une affaire [2].

---

nemi, signalé à Pirmasens et à Deux-Ponts, en avant de notre front.

« Placé à Bitche avec une seule division (la division de L'Abadie n'ayant pu encore rejoindre le 6 au matin), chargé de protéger le chemin de fer et la trouée de Rohrbach, menacé par la présence des forces signalées à Deux-Ponts et à Pirmasens, je ne pouvais laisser ce point découvert avant d'avoir rallié le général L'Abadie, ni le quitter sans avoir reçu les ordres du maréchal, dont les intentions pour le 6 ne m'étaient pas connues.

« Jusqu'à 5 heures du soir, je ne cessai d'être en relation télégraphique avec le maréchal de Mac-Mahon et le général de Lespart, et aucun ordre ne me fut envoyé. »

(Extrait de la brochure *Opérations et marches du 5ᵉ corps*, par le général de Failly.)

1. Jacqmin. *Les Chemins de fer pendant la guerre.*

2. *Combien de fois un arbre de plus ou de moins, un rocher à droite ou à gauche, un tourbillon de poussière enlevé par le vent, ont* DÉCIDÉ *de l'événement d'un combat sans que personne s'en soit aperçu.* — J.-J. Rousseau.

En tout cas, il nous semble qu'il fallait tenter quelque chose. Des régiments français ne pouvaient pas rester l'arme au bras, pendant qu'à côté d'eux d'autres régiments se faisaient écharper et succombaient sous le nombre. Mais rien ne put dessiller les yeux du malheureux général de Failly. Ne comprenant rien à la situation, oubliant qu'il avait sous la main des moyens rapides de transport, persuadé d'ailleurs que son devoir était de rester à Bitche, il se cramponna à ce poste, et y resta immobile se contentant de sonder de temps à autre l'horizon du côté de Pirmasens. C'est ainsi que des trois divisions du 5ᵉ corps que Mac-Mahon attendait, une seule marcha pour le rejoindre.

Il est vrai que Mac-Mahon aurait pu, de son côté, se servir du télégraphe, et quand il s'aperçut que c'était une vraie bataille qui allait se livrer, appeler de nouveau à lui le général de Failly. Mais, soit qu'il ignorât les ressources extraordinaires que possédait la gare de Bitche, ce qui est probable; soit qu'il se crût en mesure de faire face avec ses propres forces au prince royal, ce qui est possible encore, étant donnée la tournure des premiers engagements; soit enfin pour toute autre raison que nous ne connaissons pas, il ne le fit pas, et nous le regrettons, car s'il l'avait fait, il est probable qu'une portion notable du 5ᵉ corps aurait pu venir en temps utile le soutenir.

Nous fûmes plus heureux avec Félix Douay. Dès le 4, celui-ci avait été invité à envoyer une de ses divisions sur Haguenau [1]. En ce moment le général Conseil-Dumesnil exécutait le mouvement, dont nous avons parlé précédemment, de Colmar sur Belfort. Aussitôt Douay lui fit faire demi-tour, et le dirigea par voie ferrée, sur la basse Alsace. Le général Conseil arriva avec ses troupes à Haguenau, le 5 à deux heures du matin. De là, il se porta ensuite dans la journée à Frœschwiller.

Dans la matinée du 6 août, Mac-Mahon n'avait par conséquent avec lui que cinq divisions d'infanterie, au lieu de huit; les quatre divisions du 1er corps, plus celle du général Conseil, appartenant au 7e. La division Guyot de Lespart qui était partie un peu tard de Bitche, n'était pas encore arrivée. Son armée pouvait s'élever à quarante ou quarante-cinq mille hommes [2].

---

1. Bibesco. *Belfort, Reims et Sedan*, pp. 24 et 25.

2. Le maréchal, dans sa déposition (Enquête parlementaire), a dit 35,000 hommes. Dans les tableaux annexés à la déposition du maréchal Le Bœuf, l'effectif au 1er août, du 1er corps, figure pour 41,156 hommes. Nous, nous disons 40 ou 45,000 hommes, parce qu'il est probable que le maréchal, dans les 35,000 hommes dont il a parlé, ne comptait pas son artillerie, et que, d'ailleurs, il avait d'autres forces que celles du 1er corps, la division Conseil du 7e, et la division de grosse cavalerie du général Bonnemains. On choisira.

Si l'on adoptait le chiffre de 41,156 hommes pour le 1er corps, il

Voici comment il la disposa :

En première ligne, il plaça les divisions Ducrot, Raoult et Lartigues, la division Lartigues à droite, la division Ducrot à gauche, la division Raoult au centre [1]. (Carte n° 4).

Le général Ducrot faisant face au nord, avait sa droite au nord et en avant de Frœschwiller, sa gauche au bois dit *der Gross Wald*, et des postes détachés à Neehwiller et à Jœgersthal. Il avait ordre d'observer et de barrer les deux routes qui partent de Langensultzbach, et montent sur le plateau de Frœschwiller, l'une par la vallée de la Sauer, l'autre par Neehwiller.

La division Raoult, avec ses deux brigades Lefeb-vre et L'Hérillier, occupait le bord du plateau, et surveillait avec le débouché si important de Wœrth et les prairies, le ravin qui descend de Frœschwiller dans la vallée. Les quatre régiments dont elle se composait étaient répartis comme suit :

A gauche, sur le contrefort allongé qui se trouve

____

n'y aurait pas lieu de tenir compte des réservistes arrivés depuis le 1er août, car si de ce chef l'effectif avait grossi, il avait subi par contre des réductions dont il est juste de tenir compte. Nous vou-lons parler du 87e de ligne (division de Lartigues), que le 1er corps, en quittant Strasbourg, y avait laissé en garnison, et de deux ba-taillons du 36e de ligne envoyés à Soultz. Ni le 87e, ni les deux bataillons du 36e ne devaient prendre part à la bataille. Enfin, il ne faut pas oublier les pertes éprouvées au combat de Wissembourg.

1. Voir le rapport du maréchal de Mac-Mahon, pièce n° 18.

en avant de Frœschwiller, et se termine en pointe vis-à-vis de Gœrsdorf, à la lisière même du bois qui couronne ce contrefort, se tenait le général Lefeb-vre avec le 2ᵉ régiment de turcos et le 48ᵉ de ligne.

A droite, dans Elsasshausen et à Frœschwiller, venaient ensuite un bataillon du 36ᵉ de ligne et le 2ᵉ de zouaves sous les ordres du général L'Hérillier[1]. Les zouaves formaient l'extrême droite à Elsasshausen, comme les turcos à la pointe du contrefort en question, l'extrême gauche, et ils étaient prolongés les uns et les autres jusqu'à Frœschwiller par le reste de l'infanterie de la division. Le 8ᵉ bataillon de chasseurs qui faisait partie de la brigade L'Hérillier, fut tout d'abord laissé en réserve. D'une manière générale, la division Raoult faisait donc face à l'est, c'est-à-dire à la Sauer. Dans l'échiquier de Frœs-chwiller, la part de terrain qu'il avait à défendre, était certainement la plus importante[2].

Enfin, à la droite de la division Raoult, mais plus

---

1. Nous avons dit tout à l'heure, dans la note p.. 184 que les deux autres bataillons du **36ᵉ** de ligne envoyés à Soultz n'avaient pas pu être ralliés.

2. Partie le **3** au matin de Strasbourg, et le **4** de Haguenau, la division Raoult se rendit de là à Reichsoffen; mais elle ne fit qu'y toucher, car, à peine installée, elle reçut l'ordre de repartir pour Frœschwiller, où elle arriva le même jour. Cette division était donc à Frœschwiller depuis le **4** août au soir. — Victor Thiéry. *Après la défaite.*

au sud, et sans liaison bien directe avec elle, puisqu'elle en était séparée par un bois assez grand, le Nieder-Wald, venait la division Lartigues qui formait une ligne brisée, et faisait face à la fois à Gunstett et à Morsbronn. Pour la solidité de notre formation, il eut été préférable que le général de Lartigues, au lieu de faire face à Morsbronn, eût pu prolonger sa droite jusque là, et qu'il l'eût établie dans le village même. Nous aurions rendu ainsi un mouvement tournant de ce côté plus difficile. Mais le général, nous l'avons dit, dans une note ci-dessus, avait laissé un de ses régiments, le 87ᵉ de ligne, à Strasbourg, et n'avait pas assez de troupes pour cela. Il avait donc adossé sa 1ʳᵉ brigade au Lansberg, et porté l'autre, ou plutôt l'unique régiment qui la formait maintenant, de l'autre côté du chemin qui conduit d'Eberbach à Gunstett; cette dernière brigade faisant un crochet avec la première.

Tel était notre front de bataille; il s'étendait, on le voit, de Neehwiller et du Gross Wald, jusqu'à un kilomètre environ au sud du Lansberg.

En seconde ligne, se trouvaient les divisions Conseil-Dumesnil et Abel Douay, maintenant division Pellé. La division Conseil, arrivée à Haguenau, la veille, de la haute Alsace, prit place derrière celle du général Lartigues, et la division Pellé derrière le général Raoult; mais sur la droite de celui-ci, de manière à boucher le vide qui existait entre

Elsasshausen et le Nieder Wald, et aussi à pouvoir soutenir, s'il le fallait, le général Lartigues aussi bien que le général Raoult.

Enfin, plus en arrière encore, on rencontrait la cavalerie, formée en deux groupes distincts qui se tenaient, savoir :

Le premier, celui du général Michel, formé des 8ᵉ et 9ᵉ cuirassiers et d'une brigade de la division Duhesme, sur le revers du mamelon situé à l'est du village d'Eberbach.

Et l'autre, le plus important, celui du général Bonnemains, représenté par le reste de la division Duhesme et les quatre premiers régiments de cuirassiers, vers les sources de l'Eberbach même, dans la direction de Reichsoffen.

C'est dans cette disposition que les Français attendirent le prince royal. Le maréchal, nous ne savons pas au juste pourquoi, ne crut pas devoir occuper Wœrth, et ce fut là, croyons-nous, une faute, car on verra bientôt le parti que l'ennemi tira de ce point important.

Après la prise du Geissberg, la poursuite ayant été nulle, ainsi que cela a été dit déjà, les Allemands avaient perdu les traces du 1ᵉʳ corps, de manière qu'ils ignoraient, non seulement où celui-ci était, ce qui était tout naturel, mais même la direction qu'il avait prise. Mac-Mahon s'était-il retiré sur

Strasbourg ? Avait-il pris la route du Fort-Louis ? S'était-il, au contraire, porté à l'ouest et jeté dans les Vosges ? C'est ce qu'ils ne savaient pas.

Lorsque, le lendemain de l'affaire, c'est-à-dire le 5 août, ils voulurent reprendre la marche en avant, ils furent donc obligés, pour nous retrouver, de fouiller le pays, et de pousser leurs colonnes dans des directions divergentes. Les Bavarois, qui formaient toujours l'aile droite, s'engagèrent sur la route de Bitche, les Badois sur celle de Fort-Louis et les Prussiens sur la grande route de Strasbourg[1]. De cette façon, le contact ne pouvait manquer d'être bientôt rétabli.

Et en effet, cette journée du 5 n'était pas encore écoulée que déjà les deux armées étaient de nouveau en présence ; déjà l'aile droite allemande s'était heurtée à la gauche française. La rencontre avait eu lieu sur plusieurs points, à Mattstall et à quelque distance au sud de ce village, à Wœrth et à Gunstett. A Wœrth même, des patrouilles allemandes ayant voulu pénétrer dans la ville, y avaient été accueillies à coups de fusil, et puis à coups de canon ; des hauteurs de la rive gauche de la Sauer, des escadrons, envoyés en reconnaissance sur Gunstett, avaient

---

1. *La Guerre franco-allemande,* par l'état-major prussien, traduction de M. Costa de Serda, 1ᵉʳ vol., pp. 198 et 202.

aperçu de grands campements à Frœschwiller et à Elsasshausen[1]. Ces indices étaient trop significatifs pour que le prince royal pût s'y tromper. Évidemment Mac-Mahon ne s'était replié ni sur Fort-Louis, ni sur Strasbourg; il avait tout simplement appuyé un peu à droite, et pris position derrière la Sauer. C'était donc sur la Sauer que très vraisemblablement allait se décider le sort de la guerre en Alsace.

Toutefois, le prince royal ne croyait pas qu'il fût de son intérêt de trop se hâter. La marche en éventail adoptée le matin avait dispersé ses colonnes; avant de songer à livrer bataille, il était indispensable de les concentrer[2]. Par conséquent, l'emploi de la journée du 6 était tout indiqué. Le 6, on rapprocherait de la Sauer les corps qui en étaient éloignés, et comme ils étaient fatigués, on les ferait reposer. Un jour entier était à peine suffisant pour s'assurer ce double résultat. Ainsi raisonnait le prince royal. Il est vrai que Mac-Mahon était capable de profiter de ce jour de répit, pour coordonner, lui aussi, ses forces, pour se préparer à la lutte. Mais, comme à l'heure présente sa concentration était déjà très probablement un fait accompli, la journée du 6, d'après l'état-major de la IIIᵉ armée, semblait devoir

---

1. *La Guerre franco-allemande.*
2. *La Guerre franco-allemande*, 1ᵉʳ vol., pp. 201 et 202.

lui être moins utile qu'aux Prussiens. Le maréchal ne s'était donc pas trompé, lorsque dans ses calculs, il estimait que le choc prévu avec le prince royal n'aurait pas lieu avant le 7. C'est bien le 7, et non le 6, que ce dernier se proposait de l'attaquer. C'est le 7 seulement que les deux armées française et prussienne, qui ne s'étaient pas vues depuis Waterloo devaient se rencontrer sur la terre d'Alsace.

Cependant la destinée en avait décidé autrement. Le 5, dans la soirée, des coups de fusil avaient été échangés entre les avant-postes du côté de Wœrth et de Mattstall. Pendant la nuit du 5 au 6, un violent orage s'étant déchaîné sur l'Alsace, ces attaques isolées cessèrent[1]. Mais, à l'aube, les coups de feu recommencèrent si nombreux, que sur certains points cela ressemblait à de petits engagements[2].

Pourtant, ni dans un camp, ni dans l'autre, on ne prévoyait encore une bataille. Le général Kirchbach surtout, commandant du Ve corps prussien, lequel avait bivouaqué entre Wœrth et Preuschdorf, y croyait si peu, que, nous soupçonnant au contraire d'avoir déménagé à la sourdine, il jugea utile de s'en

---

1. Bonie. *La Cavalerie française en 1870*, p. 21, et de Mazade, *La Guerre de France*.

2. Borbstaedt. *Opérations des armées allemandes en 1870*, traduction de Costa de Serda, p. 283.

assurer en exécutant une forte reconnaissance sur la Sauer[1].

C'est pourquoi, vers les sept heures du matin, une colonne d'infanterie, soutenue par de l'artillerie, s'avança sur la route de Dieffenbach, et la descendit jusqu'à Wœrth. Ensuite elle pénétra dans le faubourg, et se porta sur les bords de la rivière, sans doute pour voir si le pont était encore debout. On conçoit aisément l'effet que cette brusque apparition devait produire.

Aussitôt, une foule de femmes et d'enfants effrayés, se précipitèrent sur le chemin de Frœschwiller en poussant des cris de détresse : *Venez à notre secours,* criaient-ils en courant, *l'ennemi entre dans les rues!*[2] Les uns suivaient la grande route, d'autres prenaient à travers champs, comme pour gagner Elsasshausen. En même temps, quelques obus tombèrent au milieu des camps français. De notre côté, on ne répondit pas, parce qu'il nous aurait fallu tirer sur Wœrth, ce que l'on voulait éviter. Mais comme on ne pouvait pas demeurer indifférents devant cette panique dont on ne connaissait peut-être qu'imparfaitement la cause, les zouaves et les turcos, placés en première ligne, prirent les armes. Ce fut un

---

1. *La Guerre franco-allemande,* 1er vol., p. 219.
2. Bonie. *La Cavalerie française en 1870,* pp. 24 et 25.

spectacle superbe que celui de ces beaux régiments
d'Afrique descendant les coteaux. Ils vont à l'ennemi
avec l'aplomb d'une troupe qui va à l'exercice, et
entrent à leur tour dans le village[1]. Mais les Prussiens
n'y sont déjà plus; leur mission achevée, ils ont
repris le chemin de Dieffenbach. Des hauteurs de
Frœschwiller, on les voit remonter, de ce pas un peu
lourd, particulier à l'armée allemande, les pentes de
la rive gauche. A huit heures et demie environ, tout
était terminé. Rien n'indiquait, par conséquent,
que la reconnaissance en question dût avoir des
suites, et déjà la tranquillité se rétablissait au
centre, quand, tout à coup, le canon commença à
tonner vivement sur les ailes[2]. Il n'en fallait pas
davantage pour ranimer le conflit.

Le général Kirchbach, en effet, ne tarda pas à
changer d'allure lorsqu'il entendit le canon de ses
voisins gronder à côté de lui. Il hésita bien un moment à prendre l'offensive, parce que ses instructions
ne l'y autorisaient pas. Mais comme, en tempori-
sant, il pouvait laisser écraser les Bavarois sur sa
droite, le XIe corps sur sa gauche, il finit par s'y
décider[3]. Il arrêta donc le mouvement de retraite de

---

1. Bonie. *La Cavalerie française en 1870*, p. 25.

2. Rustow. *Guerre des frontières du Rhin*, traduction de Savin
de Larclauze, 1er vol., pp. 201 et 202.

3. *La Guerre franco-allemande*, p. 226.

la colonne qui revenait de Wœrth, et lui fit faire front de nouveau. Puis il aligna ses batteries perpendiculairement à la grande route, et quand cette manœuvre fut terminée, il porta son infanterie en avant. Celle-ci avait ordre de franchir la Sauer et de s'élever de notre côté, pendant que, pour l'appuyer, l'artillerie canonnerait nos camps de Frœschwiller. Cette fois la provocation était trop directe pour que le général Raoult put se dispenser de répondre, et il répondit. Son artillerie, postée en avant de Frœschwiller, de chaque côté de la grande route, ouvrit le feu; le 48ᵉ de ligne, qui surveillait le ravin, en fit autant, et sans qu'on le voulût, ni d'un côté ni de l'autre, la bataille se trouva définitivement engagée. Il était alors dix heures ou dix heures et demie du matin.

Si quelqu'un s'attendait à cela, ce n'est assurément pas le général Kirchbach. Il pensait n'avoir devant lui qu'une arrière-garde, et il avait le corps de Mac-Mahon tout entier. Il croyait les Français en retraite, et les Français étaient prêts à combattre. L'erreur, de son côté, fut donc complète. Quant à Mac-Mahon, il se trompa également, puisqu'il ne comptait pas non plus sur une bataille pour ce jour-là. Mais son erreur, à lui, n'en était pour ainsi dire pas une, puisqu'il avait parfaitement deviné les intentions du prince royal, et que si le choc se produisit vingt-quatre heures plus tôt qu'il ne l'avait cru, ce fut malgré celui-ci, et contrairement à ses ordres.

D'ailleurs, Mac-Mahon, en homme d'action qu'il était et qu'il est encore avant tout, eut vite pris son parti de la situation.

Au premier coup de feu il sauta en selle, et sans s'inquiéter de savoir s'il était suivi[1], il se porta tout droit vers un mamelon élevé que la veille, en parcourant la position, il avait remarqué à l'est d'Elsasshausen. De ce point on découvre bien la Sauer et les hauteurs de l'autre rive, de sorte qu'il est facile à l'observateur établi au sommet de distinguer les mouvements d'une armée qui débouche par Dieffenbach ou par Gunstett. Mac-Mahon aurait donc été parfaitement placé en cet endroit pour voir l'ennemi, s'il n'y avait pas été très bien placé aussi pour en être vu, et lui servir de cible : il était à peine en effet installé là, que les obus allemands commencèrent à s'abattre sur le petit plateau[2]. Mais le maréchal n'y prit garde, et c'est de ce mamelon devenu légendaire, que pendant la première phase de la lutte, il lança ses vaillantes troupes au combat[3].

---

1. *Après la défaite*, par Victor Thiéry.

2. L'artillerie allemande, qui tirait sur Mac-Mahon, ne savait pas, bien entendu, que c'était lui. Mais elle comprenait très bien que l'observateur qu'elle avait devant elle était un officier général, et c'est pourquoi elle ne lui ménageait pas ses obus.

3. Le mamelon dont il s'agit est plus connu encore en Allemagne qu'en France. Pas un étranger, allemand ou autre, ne visite le

La première collision sanglante se produisit lorsque le Ve corps prussien, conformément aux ordres de Kirchbach, dut franchir la Sauer pour s'élever du côté de Frœschwiller. Plusieurs colonnes ennemies descendirent les hauteurs d'un pas rapide, et se portèrent sur Wœrth, en amont du village et en aval. La Sauer n'ayant pas une largeur considérable, le passage put s'effectuer, malgré notre feu, dans des conditions relativement satisfaisantes. Mais lorsque les Prussiens qui avaient passé à Wœrth essayèrent d'en déboucher, lorsque ceux qui avaient passé en amont et en aval eurent mis le pied sur les prairies, le général Raoult les fit mitrailler si à propos, qu'il les ramena tambour battant sur la Sauer. Une partie de leurs troupes s'était même débandée.

A notre aile droite, le général Lartigues ne restait pas non plus inactif. Attaqué, lui aussi, de bonne heure par le XIe corps prussien qui se présentait par Gunstett, il en avait eu tout d'abord assez facilement raison. L'infanterie allemande ayant même voulu prendre pied au Bruckmuhl, le Bruckmuhl fut promptement ruiné et brûlé par nos obus. Mais l'ennemi avait fini par établir une grosse batterie sur la

champ de bataille de Frœschwiller sans se faire montrer ce que, depuis 1870, on a toujours appelé *l'arbre de Mac-Mahon.* C'est l'arbre sous lequel se tenait le maréchal pendant la bataille.

hauteur située au nord de Gunstett, et alors l'aspect de l'engagement sur ce point s'était un peu modifié. C'est ainsi que plusieurs de nos pièces établies au Lansberg, écrasées par le feu de cette batterie, s'étaient vues obligées, pour s'y soustraire, de changer de place, par conséquent d'interrompre momentanément le tir. C'est encore ainsi que des troupes prussiennes, comptant sur la protection de leur puissante artillerie, s'étaient enhardies jusqu'à passer la Sauer à Spachbach, au Bruckmuhl, et de là, par les prairies, à se glisser dans les fourrés du Nieder-Wald. Il était donc temps de mettre un terme à leurs progrès.

L'opération ne fut pas longue ; c'est la brave division Conseil, restée jusque-là en deuxième ligne, qui en fut chargée. Les troupes désignées à cet effet défilèrent par l'espace ouvert qui séparait les cuirassiers du général Michel, des régiments de la division Lartigues, et vinrent prendre position face au bois. Dès que l'artillerie prussienne en position à Gunstett s'aperçut du mouvement, elle essaya de l'empêcher en couvrant le terrain de projectiles. Mais elle n'y réussit pas. Au commandement de marche, la colonne s'ébranla, s'enfonça dans les fourrés, et bientôt rejoignit l'ennemi. Celui-ci s'efforça un moment de nous arrêter. Mais nos troupes négligeant alors de faire feu, l'attaquèrent à la baïonnette et le poussèrent dans la vallée. Ensuite elles le poursui-

virent dans les prairies, passèrent la Sauer à sa
suite et le ramenèrent ainsi, l'épée dans les reins,
jusqu'à la hauteur de la grande batterie dont nous
venons de parler[1]. Notre succès sur ce point était
donc incontestable. Il eut été complet si le terrain
conquis avait pu être conservé. Malheureusement,
on n'y parvint pas. Cette poursuite effrénée à travers les prairies avait fatigué les hommes, produit
surtout beaucoup de confusion parmi les corps.
Après quelques efforts infructueux pour se maintenir, nos troupes revinrent sur la rive droite[1].

A l'autre extrémité de notre ligne, les tentatives
des Bavarois étaient tout aussi vaines. Arrivés à Lan-
gensültzbach, un peu après huit heures, ils avaient,
en attendant d'être renforcés, porté quelques tirailleurs sur l'autre côté du ruisseau qui traverse le village. A dix heures, l'attaque contre notre gauche
commença. Une dizaine de bataillons ennemis se
déployèrent dans l'angle formé par le Sultzbach et la
Sauer, et marchèrent sur nos positions de Neehwiller[2]. Mais après avoir fait quelques progrès, ils
rencontrèrent dans la division Ducrot une résistance invincible. Pris de front par le feu de cette

----

1. *La Guerre franco-allemande*, 1ᵉʳ vol., p. 234.
2. Rustow. *Guerre des frontières du Rhin*, 1ᵉʳ vol., pp. 103
à 105.

division, et d'écharpe par celui de notre artillerie de
Frœschwiller, ils repassèsent précipitamment le
Sultzbach.

A midi, le maréchal de Mac-Mahon tenait donc en
échec la III⁰ armée allemande, dont toutes les entreprises avaient échoué. Des trois corps ennemis qui
avaient donné, un seul, le V⁰, parvenait à grand'-
peine à se maintenir dans Wœrth. Les deux autres
avaient été refoulés pêle-mêle au-delà de la Sauer et
du Sultzbach. Si, à ce moment, le général de Failly
s'était montré seulement avec deux de ses divisions
sur le champ de bataille, peut-être la fortune de la
France eut-elle été changée, car le maréchal, il ne
faut pas en douter, en voyant approcher ce renfort, aurait hardiment pris l'offensive, et dans des conditions
très favorables. Mais le général de Failly, on le sait,
ne devait pas venir, puisqu'à cette heure il était devant Bitche à attendre un corps prussien qu'il croyait
voir venir du côté de Pirmasens. Et, quant à la division de Lespart, la seule du 5⁰ corps qui eut marché
dans la direction de la Sauer, elle était probablement loin encore, étant donnée l'heure tardive à laquelle elle avait quitté le général de Failly.

A partir de midi, la situation commença à changer
au profit des Allemands. Jusque là, des cinq corps
qui composaient la III⁰ armée prussienne, trois seulement avaient été engagés. Après midi, les deux
autres arrivèrent. A une heure, le corps de Werder

fait savoir qu'il n'est plus qu'à quelques kilomètres de Gunstett, et le Ier corps bavarois, venant d'Ingolsheim, montre ses têtes de colonnes à Mitsdorf[1]; il a pour instruction de s'établir à Gœrsdorf, afin de donner la main aux Bavarois du IIe, et aux Prussiens du Ve corps[2].

Malgré leurs échecs du matin, les Prussiens, par conséquent, ont tout intérêt à recommencer la lutte. Ils sont plus de cent mille; nous sommes quarante mille. En cet état, qu'ont-ils à redouter? Sans doute la position de Frœschwiller est solide; mais on pourra la tourner, car le développement médiocre de notre front de bataille prouve que nous ne sommes pas en force, et favorise, par suite, une opération de ce genre. Si le maréchal était en force, on ne verrait pas la ligne française s'arrêter à moitié chemin entre Morsbronn et le Lansberg; il l'aurait sans doute prolongée au moins jusqu'à Morsbronn.

D'ailleurs, un mouvement tournant est devenu, sous tous les rapports, avantageux aux Prussiens. Ils disposent de masses énormes; il s'agit avant tout de les utiliser. Or, comment placer plus de cent

---

1. Ingolsheim, village d'Alsace, sur la grande route de Soultz à Wissembourg.

2. *La Guerre franco-allemande,* par l'état-major prussien, 1er vol., pp. 239 et 242.

mille hommes sur le front d'une position défendue par quarante-cinq mille hommes seulement ? Cela n'est pas possible. Pour utiliser toutes leurs forces, les Prussiens n'ont qu'un moyen, c'est d'agir sur nos flancs, afin de nous déborder. En opérant ainsi, ils allongent leur ligne, et donnent à leurs troupes la place qui leur manquerait dans une simple attaque de front. L'ordre du prince de Prusse qui prescrivait au IIe corps bavarois d'agir contre notre aile gauche, et au XIe corps de se porter sur Frœschwiller par le Niederwald, n'est pas autre chose que la mise à exécution de ce plan assez simple, mais qui exige une grande supériorité numérique[1].

Donc, vers une heure, le calme relatif qui avait suivi la première phase du combat, cessa brusquement, et la canonnade reprit avec violence. Le général Ducrot fut de nouveau attaqué par les Bavarois, le général Raoult par les Prussiens du centre, le général Lartigues par le XIe corps. Le général Ducrot résista facilement. Continuant sa tactique du matin, il laissa l'ennemi arriver à portée de sa mousqueterie, le fusilla ensuite, et finalement le rejeta en désordre sur le Sultzbach.

Au centre, les Prussiens du Ve corps se montrèrent plus opiniâtres. Deux fois consécutivement ils avaient

---

1. *La Guerre franco-allemande*, 1er vol., p. 242.

débouché de Wœrth, et tenté de franchir l'étroit
espace qui va de la ville au pied des premières
rampes de Frœschwiller. Accueillis chaque fois par
un feu de mousqueterie intense, ils avaient perdu
beaucoup de monde sans parvenir à prendre pied
dans les prairies.

A la troisième reprise, le choc fut terrible[1]. Le
maréchal venait de prescrire d'enlever Wœrth, dont
les Prussiens s'étaient fait un point d'appui très commode, soit pour organiser leurs entreprises contre
Frœschwiller, soit comme lieu de refuge quand ils
étaient obligés de battre en retraite.

Nos troupes que ces attaques coup sur coup ont
surexcitées, se portent à la rencontre de l'ennemi, le
refoulent de nouveau, et le suivent jusqu'aux portes
de la ville. Mais celle-ci, cette fois, est fortement
occupée. Nos soldats se montrent à peine dans les
rues, qu'ils essuient, de la part des réserves que l'adversaire a réunies sur ce point, une fusillade formidable. Beaucoup des nôtres tombent là pour ne
jamais plus se relever. Néanmoins, on s'arrête à
peine; nos hommes gagnent du terrain peu à peu,
et peu à peu on se rapproche du centre de la ville.

---

1. *La Guerre franco-allemande,* par l'état-major prussien,
1er vol., pp. 246 et 247.

   Voir, en outre, Borbstaedt. *Les opérations des armées allemandes en 1870,* 1er vol., p. 292.

Mais là la **résistance** devient très forte. Les contingents prussiens qui tout à l'heure fuyaient devant nous, se sont reformés derrière leurs soutiens ; non seulement ils ne cèdent plus maintenant, ils prétendent à leur tour nous faire reculer, car on les voit peu après s'avancer lentement sur nous. Une rencontre sanglante devient donc inévitable. Il n'y avait plus qu'une faible distance entre les combattants des deux armées ; de notre côté on pousse en avant, et aussitôt on se trouve face à face. Le choc, nous le répétons, fut terrible.

Les Français, emportés par leur élan, pénètrent profondément au sein des masses allemandes dont ils font un horrible carnage. Mais les Prussiens ne lâchent pas prise pour cela. Apercevant sur plusieurs points les Français disloqués par l'impétuosité de leur attaque, ils les enveloppent et les massacrent. Des groupes français ainsi enveloppés, c'est à peine s'il reste quelques survivants.

Dans les maisons, la lutte est peut-être encore plus violente. En beaucoup d'endroits, les Prussiens, maîtres de la ville depuis le matin, s'étaient barricadés très solidement. On attaque les portes à coups de hache, on les enfonce, puis on en vient à l'arme blanche[1]. Ce qui se passe alors est assez difficile à

---

1. Delmas. *De Fræschwiller à Paris.*

décrire. La confusion est extrême, l'acharnement des deux partis incroyable. En très peu de temps, un quart des combattants succombent, d'autres portent de larges blessures, d'autres encore sont précipités des fenêtres sur le pavé.

Dans cette mêlée affreuse, où l'on n'entend que le ferraillement des baïonnettes qui se croisent et le bruit sourd des coups de crosse, il est tout d'abord impossible de se reconnaître. Ici ce sont les Français qui l'emportent, là ce sont les Prussiens. Il serait par conséquent téméraire de dire à qui appartient l'avantage. Mais les premiers moments passés, la lutte se dessine. Tout à coup on voit les zouaves s'élancer et reprendre le dessus. Ils poussent leurs adversaires devant eux, et les font reculer depuis le centre jusque sur le bord oriental de la ville. Un dernier effort par conséquent, et ce coin si disputé du champ de bataille, ce coin naguère si heureux et si tranquille, maintenant rougi du sang de tant de braves, nous restera acquis.

Mais alors, hélas! la fortune tourne. Des troupes prussiennes toutes fraîches passent le pont de la Sauer au pas de course, et se ruent sur nos malheureux soldats exténués. En quelques minutes, ils sont alors refoulés à leur tour, et ramenés de l'extrémité orientale de Wœrth jusqu'à l'extrémité opposée, plus en arrière même, jusque sur la lisière des prairies.

Il y a plus, enhardis par notre retraite, les contin-

gents ennemis qui opéraient en aval et en amont de
la ville, et qui se tenaient blottis sur les bords de la
rivière en attendant une occasion favorable, se lèvent
en masse, et exécutent une attaque à fond contre nos
positions de Frœschwiller, croyant bien cette fois
nous en déloger. Toutefois, leurs succès pour le
moment ne devaient pas dépasser les murs de
Wœrth. Le général Raoult les fit mitrailler comme il
l'avait déjà fait, et les rejeta de nouveau sur la rive
droite de la Sauer. Entre deux et trois heures, la
situation sur ce point était encore sensiblement
celle-là. La crise, pour nous, devait venir d'un autre
côté.

Le XIe corps prussien, qui opérait par Gunstett,
s'était, après son expulsion de Niederwald, partagé
en trois colonnes qui avaient franchi la Sauer à
Spachbach, au Bruckmuhl et vers Durrembach. La
première avait pour instruction de marcher sur
Elsasshausen, en donnant la main au Ve corps ; la
deuxième, d'attaquer Lartigues de front en prenant
pour objectif le Lansberg ; la troisième, de tourner
notre extrême droite par Morsbronn. Lorsque le général de Lartigues s'aperçut du mouvement des Prussiens par Durrembach, l'idée lui vint de leur opposer
un autre mouvement tournant, et comme il avait
trop peu d'infanterie pour pouvoir dégarnir sa ligne,
il songea à faire exécuter celui-ci par la cavalerie. Il

avait derrière lui, abritée par le mamelon à l'est d'Eberbach, la brigade de cuirassiers du général Michel; il en demanda un régiment, afin de le porter sur l'extrême gauche des Prussiens. Mais il paraît que son invitation fut mal comprise ou mal transmise. Au lieu d'un régiment qu'il demandait, il y en eut trois qui partirent, toute la brigade Michel, accrue du 6e lanciers[1]. Le général Michel crut en outre que l'ordre était de charger. Il s'avança donc au trot de ses chevaux dans la direction de Morsbronn où l'ennemi était signalé, et quand, arrivé à moitié chemin à peu près, il vit celui-ci qui débouchait au nord-ouest du village, il se plaça en tête du 8e cuirassiers et chargea.

Mais le terrain n'était guère propice; il présentait un ensemble de maisons, de champs de houblons et de fossés peu favorables à l'action de la cavalerie[2] : la charge échoua. Elle échoua, non pas qu'elle eût été mal ou mollement conduite. Nos escadrons, au contraire, passèrent comme un ouragan sur la ligne ennemie qu'ils sabrèrent. Mais en arrière de celle-ci, il y en avait une autre; sur nos flancs, les houblonnières cachaient une multitude innombrable de tirailleurs que nos hommes ne voyaient même pas.

---

1. Bonie. *La Cavalerie française en 1870*, p. 34.
2. Bonie. *La Cavalerie française en 1870*, pp. 30 à 32.

La cavalerie du général Michel a à peine renversé la première ligne, qu'elle se trouve prise entre des feux croisés de mousqueterie qui jonchent le sol de ses cadavres. Des brèches énormes se montrent aussitôt dans les rangs.

Impuissants à lutter contre ces ennemis invisibles, nos cuirassiers font alors comme les vaisseaux d'une escadre battue par la tempête; chacun cherche de son côté à sortir de la tourmente. L'attaque les avait amenés juste en face de Morsbronn. Les uns s'engouffrent dans le village, les autres le contournent. Ceux qui le contournent sont poursuivis dans leur course furibonde par les balles allemandes qui font parmi eux de nouvelles victimes. Les autres sont encore plus mal traités. L'ennemi occupait dans Morsbronn un bon nombre de maisons; à mesure que les cuirassiers passent, il tire sur eux à bout portant par toutes les ouvertures. Le massacre est horrible[1].

Témoin de ce douloureux spectacle, le reste de la brigade Michel voulut essayer de rétablir la situation. Le 9ᵉ cuirassiers chargea à son tour en s'appuyant sur le 6ᵉ lanciers qui le suivait à petite distance. Mais les mêmes causes produisirent les mêmes résultats. Cuirassiers et lanciers ne réussirent qu'à

----

1. Bonie. *La Cavalerie française en 1870*, pp. 30 à 32.

se faire détruire, ce qui permit cette fois aux Prussiens de reprendre leur mouvement autour de notre droite. Celle-ci, par conséquent, aurait été à peu près infailliblement tournée, si elle s'était trouvée encore sur ses positions du matin. Mais le général Lartigues avait profité du court arrêt imposé aux Allemands par la charge de nos cuirassiers, pour se reporter en arrière. Il était maintenant entre le Lansberg et le village d'Eberbach auxquels il touchait par les ailes.

Malheureusement, il ne put se maintenir sur sa nouvelle position. Attaqué de front par la colonne venant de Morsbronn, et de flanc par celle partie de Bruckmulh, il dut se replier au nord par les bois de Nieder-Wald. Après une longue résistance, il se trouva ainsi ramené dans le voisinage d'Elsasshausen, à la hauteur de l'extrême droite du général Raoult, qui tenait toujours dans ce dernier village.

Ce petit hameau d'Elsasshausen, devenu célèbre par l'opiniâtreté que le maréchal mit à le défendre et ensuite à le reconquérir, avait pour nous une importance capitale. Tant que nous le tenions, Frœschwiller, ne pouvant être attaqué que de front, était pour ainsi dire inexpugnable; tant que nous le tenions, l'isolement de la division Lartigues, séparée du reste de l'armée par un grand bois, n'était pas bien dangereux, car les Prussiens, sans négliger ce bois, ne s'y aventuraient qu'avec répugnance. Mais par contre, si Elsasshausen succombait, du même coup notre ligne se trouvait coupée en deux, et Frœschwiller découvert sur sa droite ; Frœschwiller, dès lors, devenait bien plus facile à forcer. Si nous ajoutons qu'Elsasshausen est bâti à mi-côte, qu'une fois pris il servait aux Prussiens de marchepied pour se hisser sur les parties dominantes du terrain, on comprendra aisément le rôle important que joua ce hameau pendant toute la bataille.

Durant toute la journée, il fut de la part de l'infanterie prussienne l'objet d'attaques furieuses. Tantôt, usant de ruse, celle-ci cherchait à s'en approcher en rampant, et en se cachant derrière les plus petits obstacles. Tantôt, au contraire, comme irritée de ses mésaventures, elle marchait haut la tête, et se jetait bravement en avant. Mais qu'elle attaquât d'une manière ou de l'autre, le résultat était toujours le même. Fortement atteintes par notre feu, les colonnes allemandes venaient invariablement se briser au pied de la position. Cela continua ainsi jusque vers la fin de la bataille.

Cependant, cette situation n'était pas sans danger pour les Allemands. Le troupes du V⁰ corps, quoique fort braves, étaient fatiguées, rebutées d'une tâche où elles ne recueillaient que des mécomptes ; de légers symptômes de défaillance commençaient même à se manifester parmi elles. De plus Mac-Mahon avait toujours les yeux fixés sur Wœrth, et

14

n'attendait qu'une occasion pour agir de nouveau dans cette direction.

Si le maréchal reprenait l'offensive dans ces conditions, le sort de son attaque ne pouvait faire doute pour personne. Le centre prussien, étant ébranlé d'avance, devait être battu et enfoncé. C'en était donc fait de la IIIe armée prussienne.

Il est vrai que le XIe corps avait fait sur notre droite des progrès considérables. Mais si le Ve corps était enfoncé, ces progrès ne sauveraient pas l'armée allemande; ils ne lui serviraient de rien, ou plutôt ils ne serviraient qu'à rendre plus éclatante sa défaite. Comment sortir de là ? Ce n'était pas facile, car il fallait du temps pour amener des renforts d'infanterie en avant de Wœrth, et, d'un autre côté, les besoins du Ve corps étaient pressants. Les troupes de ce corps d'armée étaient si épuisées, que malgré leur bravoure elles pouvaient fléchir d'un moment à l'autre; elles étaient d'ailleurs tellement engagées contre la division Raoult qu'il était presque impossible de les remplacer.

Jusqu'à une heure assez avancée de la journée, la situation resta donc grave pour les Allemands, et elle aurait pu le devenir bien plus encore, s'ils n'avaient eu, ici comme au Geissberg, recours à leur artillerie. Mais le prince royal avait sous la main un certain nombre de batteries que le défaut d'espace empêchait d'utiliser sur le front de bataille.

On les fit avancer, on les disposa de manière à faire converger leur tir contre Elsasshausen, et la canonnade commença. Cette fois, le résultat ne se fit pas attendre. Bientôt, un nuage de fumée noirâtre se dressa au-dessus du hameau : Elsasshausen était en feu. En vain la petite garnison qui le défendait essaya de tenir encore : criblée d'obus et entourée par les flammes, elle fut obligée de se retirer.

La perte de ce point important rendit tout de suite la position du maréchal plus critique. L'évacuation était à peine achevée, qu'une forte colonne d'infanterie se réunit au pied des pentes, et se porta droit sur le hameau qu'elle occupa. Puis elle reprit sa marche, pénétra dans le vide que présentait maintenant notre ligne de bataille, et se dirigea vers le mamelon qui domine Elsasshausen au nord-ouest. Le danger, pour nous, devenait donc pressant, car si cette colonne faisait un pas de plus, elle allait déborder la gauche du général de Lartigues, dont la droite était déjà serrée de près par les Prussiens du XIe corps. Lartigues, par conséquent, risquait d'être enveloppé.

Mais le maréchal de Mac-Mahon s'en était aperçu. Derrière lui se tenaient les turcos du général Pellé. Il les lança sur l'ennemi, en leur ordonnant de rentrer, si c'était possible, dans le village.

Le 1er régiment de turcos, celui-là même qui s'était illustré deux jours avant à Wissembourg, part au pas gymnastique et, sans même décharger ses armes, se rue sur la colonne allemande. Mais celle-ci, épouvantée à la vue de cette avalanche humaine qui va l'atteindre, lâche pied et se débande. Elle se débande et court chercher un refuge derrière les batteries dont nous avons parlé tout à l'heure. Trois fois, alors, les turcos, avec une intrépidité héroïque, s'élancent à l'assaut de ces batteries; mais trois fois, hélas! ils sont fauchés par d'effroyables décharges ; en un quart d'heure, huit cents d'entre eux restent sur le terrain[1].

Elsasshausen, qu'un instant nous avions espéré reprendre, demeura ainsi définitivement perdu. Cependant il fallait à tout prix arrêter l'infanterie prussienne. Le XIe corps, débouchant du Nieder-Wald, nous débordait de plus en plus à droite, et la colonne que les turcos avaient refoulée s'étant reformée, s'avançait de nouveau à gauche. La division Lartigues restait par conséquent plus que jamais exposée.

C'est alors que, pour la dégager, Mac-Mahon se décida à mettre en jeu sa dernière ressource, à faire marcher la réserve de grosse cavalerie, les quatre régiments de cuirassiers du général Bonnemains.

---

1. Albert Duruy. *Souvenirs de campagne et de captivité. — Revue des Deux Mondes,* de mai et juin 1871.

Ici encore le terrain n'est guère propice. A peu près partout, des houblonnières et des clos de vignes entourés de palissades, où tout contrarie le jeu des escadrons[1]. Mais on n'a plus le choix des moyens. Il faut laisser les Allemands s'enfoncer plus profondément entre les deux fractions de notre ligne, abandonner par conséquent le général Lartigues, ou bien recourir aux cuirassiers. Dans cette dure extrémité, Mac-Mahon crut qu'il valait encore mieux faire appel au dévouement de la cavalerie[2]. Si elle ne parvenait pas à brider complètement l'ennemi, ce qui n'était plus possible, elle pourrait du moins retarder assez sa marche pour permettre à notre droite de se dégager.

C'est pourquoi, la retraite des turcos opérée, le général de Bonnemains reçut l'ordre de s'avancer. Sa division était, en ce moment, formée en bataille sur deux lignes, dans un pli de terrain situé un peu en arrière de Frœschwiller, entre Frœschwiller et Elsasshausen.

Le 1er cuirassiers part d'abord, appuyé par le 4e. On charge par escadron[3]. Parvenus l'un et l'autre au

---

1. Bonie. *La Cavalerie française en 1870*, p. 82.

2. La charge des cuirassiers du général de Bonnemains ne doit être considérée que comme un expédient employé *in extremis*.

3. Les régiments de cavalerie, en 1870, étaient formés à 4 escadrons de 102 chevaux chacun. — *La Cavalerie française en 1870*, par le colonel Bonie, p. 4.

nord d'Elsasshausen, ils se trouvent subitement enveloppés dans une véritable pluie de mitraille qui les désorganise d'un seul coup. En quelques instants les pertes éprouvées sont énormes. Le colonel du 4ᵉ, qui vient d'être grièvement blessé, tombe de cheval, et reste aux mains de l'ennemi.

Alors la seconde ligne s'avance. Mais elle est peut-être plus maltraitée encore que la première, quoiqu'on ait changé de formation. On charge en effet, cette fois, par demi-régiment.

Le 2ᵉ cuirassiers part à son tour et passe, avec une vitesse vertigineuse, à travers les houblonnières. Mais il revient bientôt dans un état navrant. Pris, lui aussi, entre des feux croisés venus d'Elsasshausen et du Nieder-Wald, il perd en quelques secondes cinq officiers qui sont tués, plusieurs autres blessés et son colonel resté prisonnier. Il laisse en outre sur le terrain 129 hommes et 170 chevaux.

Quant au 3ᵉ régiment, il perd 7 officiers et 70 cavaliers, plus le colonel de Lacarre qui a la tête emportée par un obus. Et pourtant le régiment n'est pas lancé tout entier. Deux escadrons seulement ont été engagés. Pendant un moment, on peut voir M. de Lacarre, sans tête, courir encore à cheval, les mains crispées sur l'arçon de la selle. C'est lugubre et fantastique.

De seize escadrons arrivés le matin sur le plateau de Frœschwiller, il en reste encore deux. Les autres ont tellement souffert qu'ils ne comptent plus[1].

Après ce dernier effort, tout espoir de se maintenir est perdu. Les Bavarois, devenus plus entreprenants à la suite de ces échecs successifs, commencent à tourner notre gauche par Neehwiller. Le XIe corps, poursuivant sa marche, tourne notre droite en se dirigeant vers les bois situés en arrière d'Elsasshausen; en avant de notre centre, l'infanterie du Ve corps, soutenue par une artillerie toute puissante, s'élève petit à petit sur les hauteurs, et pénètre jusque dans Frœschwiller. Il est vrai que là, elle se trouve de nouveau nez à nez avec les troupes du général Raoult qui n'ont pas l'air disposées à lui abandonner encore le village. Effectivement, une lutte ardente, pareille à celle qui, tout à l'heure, a inondé de sang les rues de Wœrth, recommence entre les deux infanteries. Mais ce n'est plus pour la victoire que nos hommes continuent à se battre, la journée est perdue, irrévocablement perdue, et tout le monde le sait. Seulement, Frœschwiller a toujours pour nous une grande importance. Il couvre la grande route de Reichsoffen, qui est notre unique ligne de retraite. Si nous l'évacuons trop vite, le Ve corps prussien arrivera peut-être à

---

1. Les chiffres ci-dessus sont empruntés à l'ouvrage du lieutenant-colonel, aujourd'hui général Bonie : *La Cavalerie française en 1870.*

Reichsoffen aussitôt que le général Lartigues ou que le général Ducrot. Il faut par conséquent que nous restions maîtres de Frœschwiller ˙e plus longtemps possible. C'est ce que le général Raoult sait également.

Aussi l'intrépide général, le désespoir dans l'âme, aime-t-il mieux se faire tuer sur place plutôt que de reculer. Resté l'un des derniers sur la position, seul et à pied, car son cheval a été tué, il tombe blessé à mort à une centaine de mètres en avant du village[1]. Quant à sa division, elle se montre partout digne de son chef. Dans les rues, dans les maisons, dans les jardins, elle se fait écharper plutôt que de céder. Dans les jardins surtout le carnage est atroce, car les adversaires en viennent de nouveau à une lutte corps à corps[2].

Cela se poursuit ainsi jusque vers quatre heures, quatre heures et demie peut-être. Mais alors la position devient absolument intenable. L'artillerie alle-

---

1. Raoult ne mourut pas tout de suite. Il fut blessé à une centaine de mètres en avant et à gauche de Frœschwiller, et il allait être broyé par les roues de l'artillerie bavaroise, quand le commandant Duhousset l'aperçut et le porta à l'abri d'un arbre. A la fin de la bataille, il fut ensuite transporté au château du comte de Leuss, où il mourut au bout d'un mois. — Voir le *Spectateur militaire* du 15 avril 1888.

Voir aussi : *Après la défaite*, par Victor Thiéry.

2. Delmas. *De Frœschwiller à Paris*, p. 106.

mande, maintenue jusqu'alors à distance, commence
à se montrer sur le plateau; de nombreux groupes
d'infanterie prussienne, venus les uns du Nieder-
Wald, d'autres de Wœrth, d'autres des bois plus à
gauche (gauche des Français), abordent le village
de tous les côtés à la fois et, pareils à une marée formidable, l'envahissent. Frœschwiller, enfin bom-
bardé à outrance, prend feu aussi. Il n'y a donc plus
rien à faire. Tout est fini et bien fini; il faut se re
tirer.

Ainsi se termina cette sanglante journée du 6 août,
que les Prussiens appellent bataille de Wœrth, que
Mac-Mahon a appelée bataille de Frœschwiller, et
et que l'on connaît surtout en France sous le nom de
bataille de Reichsoffen. Notre brave armée n'y fut pas
seulement battue, elle y fut littéralement écrasée.
Mais sa défaite ne fut pas sans gloire, puisque quarante mille Français y avaient tenu tête pendant
toute la journée à cent mille Allemands.

La retraite, est-il besoin de le dire, ne s'effectua
pas d'une manière bien satisfaisante. Toutes nos réserves d'infanterie et de cavalerie ayant été engagées
au cours de la lutte, lorsque l'heure de se retirer
sonna, le mouvement ne put se maintenir à l'allure
ordinaire et, faute d'appui, dégénéra en déroute. Le
fait, quoique pénible à constater, est certain, et il est
certain également qu'à la faveur du désordre, l'en-

nemi nous enleva encore, sur la route de Reichsoffen, quelques prisonniers et du matériel. Mais il ne faut pas exagérer cependant les conséquences de ce mouvement précipité, car il ne dura guère, ni accepter sans examen toutes les critiques auxquelles il a donné lieu.

On a dit bien des choses, en effet, à cette occasion. En ce qui concerne le maréchal, on a dit qu'il avait manqué de prudence, qu'il n'aurait pas dû engager tout son monde, comme il le fit, et que s'il avait gardé une réserve, il ne serait pas sorti de Frœschwiller dans d'aussi tristes conditions. Puis, passant du particulier au général, on a affirmé comme principe absolu que la retraite étant une des éventualités ordinaires de la guerre, un chef d'armée ne doit jamais la perdre de vue, et ne jamais toucher aux ressources qui pourront lui être nécessaires pour la soutenir.

En théorie cela est possible, indiscutable même. C'est bien ainsi qu'*en principe* un général doit faire. Toutefois, il est bon d'ajouter que la tactique ne comporte pas de préceptes absolus, et que ce n'est pas d'après des règles de cette espèce que se gagnent les batailles.

Le grand Condé, à Nordlingue (3 août 1645), se trouvait dans une position analogue à celle de Mac-Mahon à Frœschwiller, et même plus mauvaise, en ce sens que plusieurs fois il put se croire vaincu[1]. Le centre et la droite de l'armée française étaient battus, l'aile gauche, sous le commandement de Turenne, seule tenait encore. En cet état, fallait-il battre en retraite sous la protection de cette aile, ou bien s'en servir pour continuer le combat? Condé préféra continuer le combat, et il n'eut pas à s'en repentir, puisque le 3 août 1645 fut un grand jour de victoire pour la France. L'armée impériale allemande perdit ce jour là 40 canons, et son général en chef qui fut tué. A cette époque, accusa-t-on Condé d'imprudence? Non. Depuis lors, quelqu'un l'a-t-il blâmé? Pas davantage. Deux cents ans plus tard, Napoléon Ier, le grand maître en ces matières, l'approuvait même entièrement, car il disait qu'en procédant autrement on n'obtiendrait presque jamais de succès[2]. Eh bien! alors, pourquoi reprocherait-on à Mac-Mahon d'avoir fait à Frœschwiller ce que Condé fit à Nordlingue. N'oublions pas qu'à Frœschwiller la victoire resta indécise pendant longtemps, et que si les cuirassiers de Bonnemains furent engagés, ce fut pour sauver la division Lartigues[3].

---

1. De Chesnel. *Encyclopédie militaire et maritime*, art. Nordlingen.

2. Rocquancourt. *Cours d'art et d'histoire militaires.*

3. L'état-major prussien, dans son ouvrage, 1er vol., p. 230, reconnaît qu'à midi et demi la situation des Prussiens était encore pleine de périls.

De Frœschwiller, l'armée de Mac-Mahon se replia en toute hâte sur Reichsoffen et Niederbronn, où elle rencontrera enfin la division Guyot de Lespart. Sur la route de Reichsoffen, une batterie appartenant à la division Ducrot, nous rendit encore de réels services, en tirant jusqu'à la dernière minute sur les têtes de colonne de l'armée allemande. A Niederbronn, le général de Lespart prit position et soutint un combat assez vif contre les avant-gardes ennemies qui s'avançaient à notre suite. Mais, après une honorable résistance, il fut débordé à son tour et entraîné. Toutefois, le but essentiel était atteint. Tandis qu'on bataillait devant le village, l'armée de Mac-Mahon s'écoulait. Elle s'enfonça dans les Vosges et, quand la nuit survint, l'ennemi avait perdu le contact.

FORBACH

CHAPITRE VII

Forbach.

Pendant qu'on se battait avec tant de violence sur les bords de la Sauer, l'orage éclata également sur la Sarre. Ici c'est le 2ᵉ corps qui fut atteint.

Après le petit combat du 2 août, qui semblait être le prélude de la marche en avant, et qui en définitive ne fut rien du tout, ainsi que nous avons eu déjà l'occasion de le montrer, le général Frossard s'était établi sur les hauteurs sud de Sarrebruck, d'où il envoyait de temps à autre quelque coup de canon aux trains prussiens qui essayaient de voyager sur la voie ferrée de Sarrelouis. Mais après la malheureuse affaire de Wissembourg, il ne s'était plus senti en sûreté sur ce poste avancé; il trouvait qu'il y était un peu trop *en flèche*, suivant sa propre expression, et craignant d'être surpris comme Abel Douay, il avait demandé à Metz l'autorisation de reprendre ses anciennes positions de Spickeren, ce qui lui avait été aussitôt accordé. Le grand quartier général français, devenu fort perplexe à son tour, l'avait même averti de se tenir prêt à rétrograder au premier signal jusqu'à Saint-Avold[1].

Le 5 août, dans l'après-midi, le général Frossard quitta donc son camp de Sarrebruck et vint s'établir, face au nord, à deux kilomètres environ en arrière, entre Stiring-Wendel et Alsting, sa gauche du côté de Stiring, sa droite dans la direction d'Alsting en passant par Spickeren. Mais cette position elle-même,

----

1. *Rapport sur les opérations du 2ᵉ corps,* par le général Frossard, p. 30.

en tant que position de combat, au moins, n'était
pas des meilleures. (Voir la carte n° 5.)

Lorsque de Forbach on va à Sarrebruck en suivant
la route ordinaire qui longe la vallée, on a à gauche
des bois, à droite des hauteurs étagées que surmonte
le village de Spickeren, et devant soi dans le lointain, formant comme fond de tableau, des collines
arrondies derrière lesquelles est bâtie Sarrebruck.
Au premier aspect, tous ces coteaux semblent se lier
entr'eux et ne former qu'un seul et même massif.
Mais quand on a dépassé l'ancienne douane française
on reconnaît l'erreur; on se trouve bientôt engagé
dans une espèce de couloir transversal qui court de
l'est à l'ouest, et sépare ainsi les hauteurs de Spickeren, de celles qui bornent Sarrebruck du côté du sud,
de celles par conséquent que le général Frossard
venait d'évacuer.

Ces quelques mots nous suffisent pour montrer
que dans la position nouvelle adoptée par le 2ᵉ corps,
il y avait une partie faible, et que cette partie était la
vallée.

Lorsque, en effet, le couloir traversé, le voyageur
s'élève sur ces dernières hauteurs, s'il se retourne
pour voir le chemin parcouru, il aperçoit à ses pieds
la vallée de Stiring, et plus à gauche les sommets
escarpés de Spickeren. Cette vallée est donc dominée
du côté du nord par des positions que l'ennemi doit
occuper en cas d'attaque. Elle est donc difficile à dé-

tendre. Les bois et les autres points d'appui qu'elle présente, comme la Douane, la ferme de la Brême d'or, et même le village de Stiring, ne corrigent qu'imparfaitement ce défaut commun à tous les terrains trop bas.

Notre droite était mieux assise. Au lieu d'une vallée ouverte et basse, on avait ici un plateau d'un grand relief escarpé sur ses bords, et particulièrement sur son versant nord, où se trouve un massif allongé et arrondi qui porte le nom d'*Eperon de Spickeren*. Ce massif n'a rien de bien extraordinaire en lui-même. Dans les pays accidentés on en rencontre fréquemment de pareils. Mais comme il fait saillie vers le nord, il joue, dans la défense des abords du plateau, le rôle du bastion dans l'attaque de la courtine. Il favorise en un mot les feux de flanc.

Quant au plateau lui-même, il possède de sérieux avantages. On y trouve dans sa partie centrale, un village (Spickeren) bien disposé pour servir de point d'appui de combat, des grands bois sur la droite difficiles à tourner, et enfin, circonstance qui n'est pas indifférente, un sol doucement incliné vers le nord, ce qui augmente la puissance des feux de la défense.

Il serait donc permis peut-être de se demander, si le général Frossard n'aurait pas mieux fait d'abandonner les bas-fonds de Stiring, ou du moins de n'y placer que peu de troupes, et de concentrer presqu'entièrement ses trois divisions sur la hauteur. Il aurait donné ainsi à ses forces une cohésion qu'il n'était pas possible de leur procurer autrement. Mais le général, derrière lui, avait Forbach ; dans Forbach il y avait une quantité considérable de matériel, et il crut que le meilleur moyen de couvrir cette ville, c'était de s'interposer entre elle et l'ennemi[1].

C'est pourquoi le 5 août sur le soir, la division Vergé, formée des brigades Jollivet et Valazé, vint bivouaquer dans la vallée de Stiring, tandis que les divisions Bataille et Laveaucoupet montèrent sur le plateau. Toutefois, le général Bataille ne s'arrêta pas à Spickeren. Comme il devait former réserve, il reçut ordre de se porter plus au sud, sur les sommets élevés d'OEting, d'où il avait à la fois des vues sur Spickeren et sur nos derrières, c'est-à-dire sur la route de Sarrelouis.

Sur le plateau, les dispositions adoptées furent excellentes. Frossard avait fait creuser une grande tranchée en forme de fer à cheval, qui enveloppait tout l'Eperon ; on y logea un bataillon de chasseurs ; puis la brigade Micheler se massa en avant du village ; la brigade Doëns se forma en arrière et, pour

---

1. En se plaçant à Stiring, Frossard avait sans doute un autre motif : celui de couvrir aussi la route de Saint-Avold, qui était sa ligne naturelle de retraite. Mais comme cette route ne lui était pas indispensable, — l'expérience le prouva, — s'il jugeait la position trop difficile à garder, rien ne lui interdisait d'en choisir une autre.

parer aux tentatives de mouvement tournant, on plaça quelques troupes sur les pentes boisées qui descendent vers Saint-Arnual[1].

Dans la vallée, on tira aussi parti du terrain le mieux que l'on put. Ainsi, pour atténuer les défauts inhérents à ces bas-fonds, on posta de l'artillerie sur les premières terrasses qui s'élèvent au-dessus de la grande route. Mais comme Frossard craignait pour ses derrières, il se crut obligé de faire un détachement pour les assurer : des deux brigades de la division Vergé, une seule, celle du général Jollivet, fut laissée en avant de Stiring, tandis que l'autre dut rester en observation au Kanninkenberg, sur la route de Sarrelouis. Que le commandant du 2ᵉ corps eût raison de se méfier de cette route, cela n'est pas contestable. Sarrelouis étant une place de guerre, pouvait très bien être le point de départ de quelque colonne ennemie. Mais, d'un autre côté, que penser d'une disposition dans laquelle la partie de l'échiquier la plus faible était aussi celle qui était le plus faiblement occupée? Si Frossard croyait sérieusement arrêter les Prussiens devant Stiring avec deux régiments, il se faisait singulièrement illusion, comme les événements ne tardèrent pas à le prouver[2].

---

1. Frossard. *Rapport sur les opérations du 2ᵉ corps.*
2. Frossard. *Rapport sur les opérations du 2ᵉ corps,* p. 34.

En effet, depuis le commencement d'août, la
Ire armée prussienne avait marché. Le 2, son aile
gauche, partie de Trèves, et remontant le cours de
la Sarre, n'avait pas dépassé Sarrebourg et Zerf
(voir la carte n° 2). Mais le 3, le VIIe corps touchait
déjà à Harlingen, petit village au-dessus de Mertzig,
pendant que le VIIIe corps, plus rapproché encore de
Sarrebruck, allait bivouaquer entre Hilsbach et
Dilsburg[1]. Dès le 4 août, par conséquent, le contact
aurait pu facilement être rétabli si M. de Moltke
l'avait voulu. L'armée prussienne n'avait qu'un pas
à faire. Mais M. de Moltke, qui avait ses raisons pour
cela, n'était pas pressé, et là-dessus il différait complètement d'avis avec le commandant de la Ire armée,
le général Steinmetz, qui, lui, au contraire, préconi-
sait les avantages d'une marche en avant immédiate.
Dans le but d'attirer à lui les Français et de dégager
ainsi l'armée du centre, Steinmetz voulait, le 5 août,
exécuter avec la cavalerie et le VIIe corps, une grande
démonstration sur les routes de Boulay et de Saint-
Avold. Mais, nous venons de le dire, M. de Moltke
n'était pas aussi impatient que Steinmetz; il n'approuvait pas cette manière d'opérer dans laquelle il
découvrait toute espèce d'inconvénients pour ne pas

------

1. *La Guerre franco-allemande*, par l'état-major prussien,
traduction du commandant Costa de Serda, 1er vol., p. 148 et sui-
antes.

dire autre chose, et pour ce motif il avait résolu de retarder un peu l'ouverture des hostilités.

La Ire armée, disait M. de Moltke, n'est pas bien nombreuse : elle compte soixante mille hommes à peine[1] ; qu'arriverait-il si en s'aventurant seule, au milieu des masses françaises, elle se trouvait aux prises avec des forces supérieures à la sienne ? Et puis, ajoutait-il, est-ce bien en s'éloignant de Frédéric-Charles, en le laissant pour ainsi dire seul, que l'on doit chercher à lui venir en aide ? N'est-il pas plus simple et plus sûr de se tenir à côté de lui, de tenir la Ire armée à côté de la IIe, afin que celle-ci puisse être soutenue, si elle vient à être attaquée durant sa formation.

Aussi le chef de l'état-major prussien se garda-t-il bien d'accéder aux désirs de son impatient subordonné. Steinmetz aurait voulu, le 4 août, pousser son aile droite sur Sarrelouis, pour être en état d'exécuter, le 5, la démonstration dont nous venons de parler. Par ordre parti de Mayence, où se trouvait alors le grand quartier général allemand, il fut invité à ramener ses forces un peu en arrière, et à se placer à la hauteur de Tholey, d'où il lui serait facile d'agir dans les flancs de l'armée française, si celle-ci, pre-

---

1. Elle en compta davantage plus tard.

nant les devants, se montrait par Hombourg et
Neunkirchen[1].

Malgré la mauvaise humeur de Steinmetz, la
1re armée fut donc obligée de rétrograder d'une marche.
Le 4, elle se concentra autour de Tholey, savoir le
VIIIe corps à Tholey même, avec une division à
Otweiler et le VIIe à Lebach. (Voir la carte n° 2.)

Elle resta là toute la journée du 5. Mais le 5 dans
l'après-midi, d'autres communications étant arrivées de Mayence, le 6 au matin le VIIe corps, qui formait maintenant l'avant-garde, quitta ces emplacements; il s'avança de nouveau dans la direction de
la Sarre, pendant que le VIIIe progressait de son côté.
Toutefois la Sarre ne devait pas être atteinte le jour
même. Guichenbach et Fischbach, deux villages situés à sept ou huit kilomètres au nord de Sarrebruck
étaient indiqués comme points extrêmes pour les
têtes de colonnes. Les troupes devaient même conserver leurs positions jusqu'à nouvel ordre, ce qui
ôtait au mouvement exécuté, tout caractère agressif,
et renvoyait à plus tard la continuation de la marche
en avant. Si nous répétons maintenant, qu'une bataille pour le moment n'entrait pas dans le programme de Steinmetz; qu'il n'en voulait pas; qu'il

---

1. *La Guerre franco-allemande*, 1er vol., p. 147.

n'en voulait pas parce que M. de Moltke son supérieur hiérarchique pour les raisons énoncées plus haut, n'en voulait pas lui-même, on jugera sans doute que dans la matinée du 6 août, une collision devant Sarrebruck semblait à peu près impossible[1]. Elle l'était d'autant plus qu'aucun des deux adversaires ne la recherchait ; que les Prussiens la redoutaient pour ainsi dire, et que la retraite des Français sur Spickeren avait accru la zone de séparation entre les deux armées. Et cependant ce qui paraissait impossible arriva ; malgré la volonté des états-majors la tempête se déchaîna sur la Sarre.

Expliquons en quelques mots, comment fut amené ce dénouement étrange.

Le 6 août, comme on vient de le voir, le VIIe corps prussien avait quitté Lebach de bonne heure pour se rendre à Guichenbach, son lieu de destination[2]. La 14e division suivait la route de Sarrebruck qui relie ces deux villages ; la 13e, au contraire, avait pris un peu à droite, comme si elle avait visé Wolcklingen.

---

1. Dans la soirée du 5, M. de Moltke expédia à Steinmetz un dernier télégramme dans lequel il l'autorisait à passer la Sarre en aval de Sarrebruck. Mais comme ce télégramme ne parvint à Steinmetz que le 7, on peut raisonner pour la journée du 6 comme s'il n'avait pas existé.

2. *La Guerre franco-allemande*, 1er vol., p. 152.

On parcourut ainsi une certaine distance, sans que
rien ne modifiât la physionomie assez sombre des
colonnes. De temps à autre seulement des estafettes
à cheval venant du sud, et passant au grand trot sur
les bords de la route, jetaient un peu de gaîté dans
ce tableau. Les plaisanteries, par lesquelles ils répon-
daient parfois, aux questions qui leur étaient faites
provoquaient le rire des soldats. Les troupes de la
14ᵉ division atteignirent ainsi les environs de Guichenbach. Mais alors une nouvelle à sensation commença à circuler dans les rangs, et y excita une ardeur qu'on n'avait pas remarquée encore. Le commandant de cette division, général de Kamecke, qui
marchait en tête, venait, disait-on, d'être informé
que les Français avaient évacué Sarrebruck, et on
prétendait, ce qui ne tarda pas d'ailleurs à être con-
firmé, que cette ville allait être réoccupée. Et en effet,
l'avant-garde de la 14ᵉ division avait à peine touché
à Guichenbach qu'elle reçut l'ordre de ne pas s'y arrêter. Elle devait gagner Sarrebruck, puis après avoir
passé la rivière sur les ponts de la ville que le général
Frossard avait oublié, hélas! de faire couper, reprendre possession des hauteurs dont nous avons déjà parlé
plusieurs fois. Cela paraissait d'autant moins dangereux au général de Kamecke, que, suivant lui, les
Français s'embarquaient précipitamment à Forbach,
et que les troupes que la cavalerie prussienne avait
aperçues sur l'*Eperon*, n'étaient en réalité qu'une

espèce de rideau destiné à masquer notre retraite[1].

La colonne se remit donc en route. Le temps était frais, très propice à la marche ; deux heures après, les troupes de tête entraient dans Sarrebruck, et remontant le revers nord des hauteurs, faisaient leur apparition sur le petit plateau allongé, qui en temps ordinaire, sert de champ de manœuvre à la garnison de la ville. Mais du *champ de manœuvre* à Spickeren, il n'y a pas bien loin. De l'Eperon nos hommes avaient vu les Prussiens arriver pour ainsi dire, les uns après les autres. Dès que le rassemblement eut acquis une certaine consistance, nos artilleurs ouvrirent le feu. En même temps notre infanterie se déploya sur les emplacements qui lui avaient été indiqués la veille, et on attendit que l'ennemi démasquât ses projets. La brigade Micheler tenait toujours le terrain en avant de Spickeren ; la brigade Doëns se tenait en arrière ; sur l'Eperon même, la tranchée en fer à cheval était occupée par le 10ᵉ bataillon de chasseurs. (Voir la carte n° 5.)

Tout d'abord on crut que l'affaire ne serait pas sérieuse ; nos pièces ne tiraient que depuis un instant, que l'ennemi se dispersa, et disparut dans le pli de terrain qui sépare le champ de manœuvre de la hau-

---

1. Borbstaedt. *Opérations des armées allemandes*, traduction du commandant Costa de Serda, pp. 303 et suivantes.

teur plus à droite, de telle sorte que notre tir cessa. Mais cela ne dura pas bien longtemps. L'artillerie prussienne avait entendu ce qui se passait. Au bruit de notre canon, elle força le pas, et vint s'établir sur le revers sud du champ de manœuvre. Alors un duel entre ses pièces et les nôtres commença; la lutte était engagée.

Le plan du général de Kamecke était celui-ci : Etant donné que les Français s'embarquaient à For-bach, ce qui était inexact, et qu'il n'avait devant lui qu'une arrière-garde, ce qui l'était encore plus, il voulait, en refoulant cette arrière-garde, jeter le désordre dans nos embarquements[1]. Comme il croyait avoir pour lui la supériorité du nombre, il ne doutait nullement du succès de l'entreprise[2].

Le général prussien partagea donc sa division en trois colonnes, et fit attaquer l'Eperon de trois côtés, de front par celle du centre, sur les flancs par les deux autres.

La colonne de gauche (gauche prussienne) fut très mal traitée. Ayant voulu pénétrer dans les bois situés à l'est de l'Eperon où se tenait un bataillon du 40e de ligne, elle fut criblée de balles et forcée de

----

1. *La Guerre franco-allemande*, 1er vol., p. 303.
2. Borbstaedt. *Opérations des armées allemandes*, pp. 303 à 305.

faire demi-tour. Celle de droite ne fut pas beaucoup plus heureuse. Parvenue jusqu'au bois de Stiring, elle aperçut dans les profondeurs de celui-ci, des masses de troupes dont elle ne soupçonnait même pas la présence, ce qui l'obligea à s'arrêter. Après un combat assez vif, elle dut donc rétrograder aussi ; elle recula jusqu'à la lisière nord du bois.

Enfin, devant l'*Eperon*, les succès de l'ennemi furent assez minces. La colonne qui était chargée de nous en déloger s'efforça vainement d'atteindre le sommet de la hauteur. Accablée par les feux des chasseurs du 10ᵉ bataillon qui occupaient la tranchée, elle fut réduite, pour éviter une destruction entière, à s'embusquer au pied des premiers escarpements[1].

L'opération telle qu'elle avait été primitivement conçue avait donc échoué. Au lieu d'enlever l'Eperon haut la main, et de tomber comme une bombe sur Forbach, la 14ᵉ division avait rencontré partout une résistance vigoureuse ; partout ou à peu près, ses troupes étaient obligées de reculer. En outre, le général de Kameke pouvait maintenant juger de son erreur ; il lui était facile de voir, qu'il avait devant lui autre chose qu'un rideau. Les Français étant en force à Spickeren, à Stiring, vers Saint-

---

1. Frossard. *Rapport sur les opérations du 2ᵉ corps*, p. 37.

Arnual, ce n'était pas contre un régiment ou deux, qu'il était venu se heurter; c'était contre tout un corps d'armée, peut-être même contre une armée. La position du général prussien était donc loin d'être brillante dans cette première période de la bataille, et s'il avait eu à faire à un adversaire plus déterminé, il aurait probablement payé cher son attaque téméraire. Mais le général Frossard, militaire de mérite d'ailleurs, n'était rien moins qu'un général entreprenant. Il se borna à maintenir l'ennemi à distance; il laissa pendant plusieurs heures l'engagement traîner en longueur, si bien que le VIIIe corps prussien qui marchait sur Fischbach, eut le temps d'arriver au secours de la 14e division. C'était tout ce que pouvaient souhaiter de mieux les Prussiens. Le VIIIe corps commença à se montrer vers les trois heures dans les environs de Sarrebruck[1]. Aussitôt que le général de Kamecke en fut instruit, et sans attendre que celui-ci fut arrivé, il donna l'ordre d'attaquer de nouveau. Les troupes avaient eu le temps de se refaire à l'abri des bois et des rochers; elles étaient en état par conséquent de donner un coup de collier.

---

1. Rustow. *La Guerre des frontières du Rhin*, traduction de Savin de Larclause, p. 188. Voir aussi Borbstaedt, *Opérations des armées allemandes*, p. 308, et *La Guerre franco-allemande*, 1er vol., p. 322.

Devant l'Eperon, le choc fut très rude. Profitant
d'un mouvement en arrière, que notre artillerie
avait été obligée d'opérer, les Prussiens blottis au
pied de la hauteur, se lèvent brusquement, escala-
dent les premières croupes, et entraînés par leur
chef, le général de François, ils se lancent dans la
direction de la tranchée en fer à cheval[1]. Mais ils
sont mal accueillis sur ces rochers, battus par notre
feu. Le général prussien a à peine fait quelques pas,
qu'une violente fusillade, partie des bords du plateau, l'abat, lui et une partie de son monde. Le général tombe percé de quatre ou cinq balles, et quand
la fumée de la poudre s'est dissipée, on peut voir le
terrain en avant des chasseurs couvert de morts et
de blessés allemands[2]. L'attaque de la hauteur a
donc encore une fois échoué; ce n'est qu'au prix des
plus grands efforts que l'ennemi parvient à se maintenir sur les pentes.

Il en fut de même à l'est de l'Eperon. Là l'ennemi
se porta de nouveau sur les bois qui descendent vers
la Sarre, et réussit tout d'abord à s'y loger. Mais
Laveaucoupet avait eu le temps, lui aussi de renforcer sa droite. Dès que les Allemands voulurent sortir

----

1. Borbstaedt. *Opérations des armées allemandes*, p. 310.

2. Etat-major prussien. *La Guerre franco-allemande*, pp. 318
et suivantes.

des taillis, il se jeta sur eux, les culbuta et pour la seconde fois les ramena tambour battant sur la rivière[1].

La lutte fut beaucoup plus longue à notre gauche. La clef de la position de ce côté était toujours la forêt de Stiring qui couvre les approches du village, et forme un flanc à l'Eperon. Les deux partis combattirent longtemps sous bois avec des chances à peu près égales; tantôt c'était l'un qui avançait de quelques mètres, tantôt c'était l'autre. Mais après des efforts opiniâtres, l'ennemi finit cependant par prendre la supériorité. Il repoussa les Français, et peu à peu les rejeta sur leurs réserves qui se tenaient en avant de Stiring.

Après l'évacuation du bois, la gauche française se trouva donc dans une position assez semblable à celle de la gauche allemande. L'une et l'autre avaient été passablement éprouvées. Les succès de l'ennemi étaient même plus décisifs que les nôtres, car du moment qu'il était maître du bois de Stiring, il lui était loisible, en usant de celui-ci comme d'une base tactique, de lancer des troupes contre le versant occidental de l'Eperon, ou bien de pousser ses colonnes sur la voie ferrée. Or, une attaque de l'Eperon par le couchant était dangereuse pour nous,

---

1. Frossard. *Rapport sur les opérations du 2ᵉ corps*, p. 38.

parce que le général Laveaucoupet était déjà trop
occupé sur sa droite et sur son centre, pour qu'il
pût encore faire front facilement sur sa gauche. Il
en était de même d'une entreprise par la voie ferrée. Celle-ci passe à l'ouest de Stiring, et en la suivant l'ennemi débordait les troupes de la division
Vergé.

Heureusement que les Prussiens ne cherchèrent
pas trop à tirer profit de leurs avantages. La façon
dont ils manœuvrèrent, semble du moins indiquer,
qu'ils ne se rendaient pas bien compte de notre situation.

Effectivement, du côté de l'Eperon, ils ne firent
rien, ou presque rien. Une batterie française postée
sur une des terrasses qui commandent la grande
route de Forbach, ayant été abandonnée à la suite
d'une explosion qui avait ruiné son personnel en
hommes et en chevaux, ils se bornèrent à tenter un
coup de main afin de l'enlever. Dans ce but, une
partie des corps, qui remontaient à notre suite la lisière orientale du bois, se détourna de sa direction, et,
sortant vivement des fourrés, elle franchit la grande
route dans l'espoir de mettre la main sur ce trophée
précieux. Mais les **Français** s'étaient embusqués derrière un mouvement **de terrain** qui empêchait de les
voir. De plus, du village de **Stiring**, l'infanterie du
général Vergé s'était aperçue du **danger** que couraient nos pièces. Lorque l'ennemi arriva à bonne

portée, ils se trouva pris entre des feux croisés qui l'écharpèrent[1]. Il repassa la route et rentra sous bois plus vite encore qu'il n'en était sorti.

L'entreprise dirigée contre notre extrême gauche n'eut pas plus de succès. Quelques bataillons prussiens flanqués de tirailleurs, s'étant engagés, avec l'intention évidente de nous déborder, dans la tranchée que le chemin de fer forme en cet endroit, furent repoussés et refoulés pêle-mêle sur leur point de départ. Le désordre était tel, qu'ils ne purent être ralliés que derrière l'étang de Drahtzug[2].

Dans la vallée, les avantages des Prussiens étaient donc mêlés de quelques revers. Ils s'étaient bien emparés du bois de Stiring, mais ils ne parvenaient pas à en déboucher, ce qui diminuait le prestige de leur conquête. Chaque fois qu'ils avaient essayé de le faire, ils avaient même perdu beaucoup de monde sans faire le plus petit progrès. La tentative par la voie ferrée était surtout pour eux un échec, car elle n'avait pas seulement désorganisé les corps qui y avaient pris part; elle avait encore donné à ceux qui occupaient les taillis, le spectacle peu encourageant d'une retraite précipitée. Aussi la crise que traversait notre gauche ne tarda-t-elle pas à s'apaiser. L'ennemi se

---

1. *La Guerre franco-allemande*, 1er vol., p. 334.
2. *La Guerre franco-allemande*, 1er vol., p. 332.

voyant refoulé de tous côtés devint tout à coup beaucoup moins entreprenant ; il se cantonna dans le bois, et nous laissa tranquillement nous reformer en avant du village, ce qu'évidemment il ne nous aurait pas permis, s'il s'était cru en mesure de donner une suite à son premier succès. Le danger d'être tourné, qui un instant avait menacé notre aile gauche, était donc pour le moment écarté.

Cependant, ce changement d'attitude de l'ennemi ne rassura qu'à moitié le général Vergé. Il n'avait avec lui, on s'en souvient, qu'une de ses brigades. Quand il se vit serré de si près, il se hâta d'appeler à lui le général Valazé, qui se trouvait toujours en observation sur la route de Sarrelouis. Avec ce renfort, il semblait que l'on dût être dans de bonnes conditions pour reprendre l'offensive de ce côté. La timidité avec laquelle les Prussiens se montraient maintenant hors de la forêt, indiquait d'ailleurs qu'ils ne s'y sentaient pas très solides. Le bois de Stiring fut donc attaqué de nouveau, et tandis qu'on s'efforçait de l'enlever de front, on essayait une petite démonstration sur l'extrême droite allemande. Nos troupes firent mine de s'avancer à leur tour sur la voie ferrée. Mais l'ennemi resta inébranlable. Pendant que le général Vergé appelait du renfort, il en recevait lui aussi : il repoussa toutes nos attaques et conserva la possession du bois.

Cependant, nous ne pouvions pas, sans de très

grands inconvénients, laisser plus longtemps les
Allemands maîtres de cette partie de champ de
bataille. L'ennemi dans le bois de Stiring, c'était
une menace constante contre nous. De là, il était
toujours en position de porter à notre aile gauche,
ou à notre centre, les coups les plus redoutables.
D'ailleurs, l'idée d'envelopper l'Eperon et de le
prendre à revers, semblait lui être sérieusement
venue maintenant. Depuis quelques instants, il ame-
nait des troupes sur la route de Forbach, et les poussait avec vigueur dans la direction de la maison de
douane. Il fallait par conséquent reprendre ce bois,
le reprendre à tout prix.

C'est alors qu'intervint le général Bataille[1]. A
l'heure où celui-ci se disposa à prendre la place du
général Vergé, la journée tirait à sa fin, et l'ennemi
avait réussi à déboucher du bois. Il en était sorti en
masse, avait envahi l'espace ouvert qui sépare celui-
ci du village, garni la voie ferrée, et s'était même
glissé dans les premières maisons de Stiring. La
tâche se compliquait donc ; on était certain de trouver les Prussiens en force.

En outre, il ne s'agissait plus seulement d'enlever
le bois ; il fallait avant tout dégager le village.

---

1. Bien avant la reprise du bois de Stiring, la division Bataille
avait eu à fournir des renforts aux troupes engagées.

En ce qui concerne le village, ce fut bientôt fini.
L'ennemi n'y étant entré que depuis peu, n'avait pas
eu le temps d'y prendre solidement pied. Il fut délogé
du premier coup. Quand à l'attaque du bois, elle
était plus difficile, parce que les Prussiens, étant
maîtres de la voie ferrée qui en cet endroit forme
tranchée, nous l'avons dit, nous avions à braver des
feux de flanc qui pouvaient nous faire beaucoup de
mal. Mais nos troupes agirent avec tant de prom
titude qu'elles s'aperçurent à peine de la difficulté.
Trois bataillons appartenant aux 8e et 67e de ligne
partirent au pas gymnastique, et balayèrent le terrain en avant du village. Puis ils s'élancèrent vers les
fourrés, et malgré une mitraille épaisse venue de
tous les coins de l'horizon, y pénétrèrent. Nos
hommes voulurent alors attaquer à la baïonnette ;
mais ils n'en eurent même pas besoin, l'ennemi
n'opposant pas assez de résistance, et préférant se
retirer dans la partie nord de la forêt[1].

Ce brillant coup de main du général Bataille eut
un double résultat. Il nous fit d'abord rentrer en
possession du bois de Stiring ; ensuite il nous permit
de reprendre les canons abandonnés, à la suite de
l'explosion mentionnée ci-dessus, et voici comment :

La retraite des Prussiens qui étaient dans le

---

1. Frossard, *Rapport sur les opérations du 2e corps*, p. 44.

bois avait découvert le flanc droit des corps ennemis qui combattaient sur la grande route. Lorsque
ceux-ci se virent isolés, ils se hâtèrent de se retirer
à leur tour, et en se retirant ils s'éloignèrent des
pièces en question. L'occasion s'offrait par conséquent de tenter un effort, afin de les reprendre. Aussitôt, une poignée d'officiers et de soldats intrépides
se précipitent sur la batterie et la ramènent ; ils la
ramènent malgré les efforts de l'artillerie prussienne
qui, du champ de manœuvre, a très bien vu ce qui
se passe, et tire sur eux avec fureur[1].

L'intervention de la division Bataille, sans nous
donner une prépondérance absolue dans la vallée, y
améliora donc beaucoup notre situation, puisque
l'ennemi avait été partout refoulé. Sur la fin de la
journée, celui-ci ne tenait plus que la partie nord des
taillis qu'il se contentait de défendre.

Sur les plateaux nous n'étions pas tout à fait aussi
heureux, quoique là aussi nos troupes montrassent
la plus brillante bravoure. Effectivement le général
Laveaucoupet s'était facilement défendu jusques sur
les trois heures de l'après-midi, quatre heures même.
Mais à partir de ce moment, de grosses colonnes al-

---

1. C'étaient le commandant Gougis et le lieutenant Raffin, du
17ᵉ d'artillerie, le capitaine Paccull, du 76ᵉ de ligne, le capitaine
Hiver et le soldat Dunand, du 77ᵉ.

lemandes, attirées à Sarrebruck par le bruit du canon, étaient venues se placer derrière les régiments du général de Kamecke; et alors notre situation avait changé.

Le premier renfort important que reçut l'ennemi, fut la 16e division du VIIIe corps; puis se montra la 5e qui venait des environs de Neunkirchen[1]. Comme les troupes de Kamecke étaient exténuées, l'une et l'autre furent engagées de suite; la 5e du côté de Saint-Arnual, la 16e devant l'Eperon et dans la vallée.

Mais à l'égard de l'Eperon l'adversaire changea de tactique. Les opérations qu'il dirigeait contre notre droite, dans le but d'amener une diversion profitable à son centre n'ayant abouti à rien, il décida de chercher sur le revers occidental du plateau, l'effet qu'il n'avait pu obtenir sur le revers opposé. De ce côté en effet la hauteur était bien plus accessible, et on avait l'avantage que si on parvenait à atteindre le sommet, on se trouvait sur les derrières de la division Laveaucoupet.

L'ennemi massa donc des forces à la ferme de la *Brême d'or*, dont il s'était rendu maître. Mais comme il n'avait aucun motif de se presser; que son apparition sur le plateau devait être d'autant plus décisive que nous serions plus occupés sur les autres points, il attendit pour agir que nous fussions fortement aux

---

1. *La Guerre franco allemande*, 1er vol., p. 321.

prises avec les colonnes du centre et de gauche (gauche prussienne).

Donc vers cinq heures, le gros de la 16e division recommence l'attaque de la hauteur par le front nord, tandis que la 5e s'avance par les bois de Saint-Arnual.

Sur les pentes de l'Eperon les Prussiens prennent tout d'abord sur nous un avantage assez marqué. Marchant avec l'ardeur de troupes fraîches qui n'**ont** pas encore tiré un coup de fusil, ils gravissent **les** premières croupes, s'élancent et se logent dans la tranchée en fer à cheval que nos troupes venaient d'évacuer. Ils vont même plus loin, soutenus par leur puissante artillerie, ils se forment en petits détachements qui s'avancent avec audace sur le plateau [1].

Dans les bois, même succès. Les colonnes de **la** 5e division refoulent nos troupes peu à peu, les poussent vers la lisière sud, et atteignent presque **le** chemin de Saint-Arnual à Spickeren. Durant un moment, le combat prend donc une tournure assez menaçante : notre ligne toute entière est obligée de rétrograder légèrement [2].

Mais cependant les Français n'abandonnent pas la partie. Ils ne se contentent pas de défendre le terrain

------

1. *La Guerre franco-allemande*, 1er vol., p. 327.
2. Rustow. *La Guerre des frontières du Rhin*, p. 186.

pied à pied. Parfois ils répondent par de tels retours offensifs que les colonnes prusiennes enfoncées sont rejetées violemment au pied des pentes. C'est ce qui arriva notamment sur l'Eperon, à un fort groupe ennemi qui avait d'abord réussi à nous refouler, et s'avançait ensuite dans la direction de Spickeren. Ce groupe ayant été attaqué par quelques compagnies du 10ᵉ de chasseurs et du 63ᵉ de ligne, qui l'avaient abordé par le flanc, fut refoulé à son tour, et mis dans dans la plus complète déroute[1].

Du côté des bois de Saint-Arnual, c'est le général Doëns qui fait face à la Vᵉ division prussienne.

Sur la demande de Laveaucoupet, il se place à la tête de deux bataillons du 2ᵉ de ligne, et pénètre encore une fois dans ces bois, que l'ennemi, nous venons de le dire, occupe en masse. Une lutte acharnée s'engage alors entre ces deux bataillons et les corps de la 5ᵉ division. Mais après une résistance furieuse, au cours de laquelle le vaillant général tombe blessé à mort, ceux-ci sont forcés de céder. Ils se retirent en bon ordre d'abord, ensuite avec précipitation, pressés qu'ils sont par nos troupes.

Les bois en question sont par conséquent recon-

---

1. *La Guerre franco-allemande*, par l'état-major prussien, 1ᵉʳ vol., p. 327. — Voir aussi Borbstaedt, *Opérations des armées allemandes*, p. 312.

quis une dernière fois ; une dernière fois la balance semble pencher en notre faveur. Mais alors la colonne allemande partie de la *Brême d'or*, commence à paraître sur le plateau, et débouche elle aussi dans notre flanc gauche, presque sur nos derrières. Si Laveaucoupet persiste à rester sur ses emplacements, il sera bientôt pris à revers. Ce général ramène donc ses troupes un peu en arrière, à la hauteur de Spickeren, et tandis que le colonel du 63e de ligne, qui a pris la place du général Doëns, fait mitrailler les groupes ennemis sortis du fourrés, il reprend lui-même l'offensive. Les projectiles de notre artillerie en éclatant au milieu des masses compactes de l'ennemi, y causent même des ravages affreux.

Les Prussiens sont donc encore une fois obligés de rentrer sous bois, et tout porte à croire qu'ils n'en seraient plus sortis (la nuit arrivait), s'il ne s'était produit alors un incident qui décida du sort de la journée. Au moment où notre feu refoulait l'ennemi dans l'épaisseur des taillis, un bruit sourd se fit entendre sur nos derrières. C'était le canon de la 13e division prussienne qui se présentait au débouché de la route de Sarrelouis. Comment répondre à cette nouvelle attaque ? Ce n'était guère possible, car depuis le départ de la brigade Valazé pour Stiring, nous n'avions plus sur ce point qu'un régiment de dragons, une compagnie du génie, et quelques réservistes destinés au 2e de ligne. Cependant le colonel Dulac qui

commandait les dragons ne voulut pas se retirer sans
avoir tenté quelque chose. Il fit donc mettre pied à
terre à ses hommes, qu'il plaça derrière un retranchement construit la veille en travers de [la route,
et quand ceux-ci eurent brûlé quelques cartouches,
il les fit remonter à cheval et chargea. (V. carte n° 5.)

La charge fut vigoureuse. Mais ce n'est pas avec
quelques escadrons de cavalerie que l'on peut arrêter des masses d'infanterie pourvues de canons.
Après avoir sabré les premiers groupes prussiens, les
dragons furent ramenés et forcés de rentrer dans
Forbach [1].

D'ailleurs, le général Frossard, en entendant le
canon sur ses derrières, n'avait pas attendu la fin de
l'engagement pour prendre une détermination. La
journée était perdue, irrévocablement perdue; le
2e corps était exposé même à être tourné, puisque
l'ennemi atteignait presque sa ligne de retraite. Il
n'y avait donc plus qu'une chose à faire, qu'à donner des ordres, pour que l'armée cessât le feu et se
retirât. C'est ce qui fut fait. Les généraux Bataille
et Vergé furent invités à se rapprocher de la division
Laveaucoupet, en se portant avec leurs troupes sur
les plateaux; le général Laveaucoupet, après s'être
établi en arrière de Spickeren, qu'il tenait toujours

---

1. Frossard. *Rapport sur les opérations du 2e corps*, p. 45.

du reste par ses avant-gardes, reçut l'ordre de
prendre la route de Sarreguemines, et la retraite
commença. Une obscurité complète enveloppait
maintenant tout le champ de bataille. Il était à peu
près dix heures et demie du soir.

Nos pertes, dans ce sanglant combat, furent considérables. Quatre mille hommes tués, blessés ou
disparus, voilà ce qu'il nous coûta[1]. Mais celles des
Prussiens furent plus considérables encore ; ils les
ont évaluées eux-mêmes à quatre mille cinq cents.
Comme le 2ᵉ corps ne comptait que 28,000 hommes,
et que pendant la deuxième partie de l'affaire, il se
trouva en présence de forces à peu près doubles de
la sienne, c'est-à-dire de 50,000 hommes au moins,
nous devons reconnaître qu'il se comporta vail-
lamment. Ce ne sont pas des troupes de qualité
médiocre qui pourraient se battre ainsi, plusieurs
heures durant, un contre deux, ni quitter le champ
de bataille, comme le firent celles du général Frossard, en emmenant toute leur artillerie, en emportant même une partie de leurs blessés. Mais cela dit
à l'honneur du 2ᵉ corps, dont, nous le répétons, la
conduite fut des plus brillantes, tâchons de nous
rendre compte des causes qui amenèrent sa défaite.

---

1. Frossard. *Rapport sur les opérations du 2ᵉ corps*, p. 52.

Celle-ci fut-elle le résultat de quelque hasard heu
reux pour l'ennemi, de savantes combinaisons de sa
part, ou doit-elle être attribuée à d'autres motifs ?

Eh bien, cela est triste à dire, mais c'est la vérité,
ce n'est pas dans les calculs, ni dans la sagacité militaire des Prussiens, qu'il faut chercher la cause de
leur victoire, c'est bien plutôt dans nos propres
fautes. Si nous avions plus habilement manœuvré,
les Prussiens auraient été certainement battus.

Il est à peu près établi, en effet, que durant plusieurs heures, trois ou quatre heures au moins, le
2ᵉ corps n'eut devant lui que la 14ᵉ division prussienne, c'est-à-dire une force notablement inférieure
à la nôtre. En cet état, que fallait-il pour que la journée tournât à notre avantage ? Ce qu'il fallait était
bien simple, et nous le pouvions. Pour faire payer
au général de Kamecke la faute qu'il avait commise,
en nous attaquant dans des conditions défavorables,
défavorables pour lui, Frossard n'avait qu'à faire ce
qu'on fait toujours sur un champ de bataille, quand
ou est les plus forts. Après les premiers engagements, lorsque l'ennemi contraint par la nécessité
eut donné la mesure de ses moyens et montré ses
ressources, il devait, au lieu de rester dans une
expectative dangereuse, comme il le fit, prendre
hardiment l'offensive et se porter en avant. Il devait
faire appuyer Laveaucoupet par une brigade de la
division Bataille, amener le reste de cette division

derrière le général Vergé, puis pousser notre ligne ainsi renforcée sur la ligne ennemie. Si l'on admet, ce qui n'est pas bien difficile, surtout pour cette première période de la campagne, que nos troupes, comme solidité au feu, valaient au moins celles de l'ennemi, le résultat de cette manœuvre n'était guère douteux. La 14e division se trouvant assaillie par des forces supérieures qui avaient pour elles l'élan et le terrain, devait être culbutée et dispersée avant l'arrivée de tout secours. Première faute.

La seconde réside dans l'isolement où fut laissé le 2e corps. Le 2e corps succomba aussi parce qu'il resta seul et livré à ses propres forces. Mais s'il resta isolé, cela ne tient nullement, ainsi qu'on va le voir, à ce qu'il était trop éloigné du reste de l'armée pour pouvoir en être soutenu en temps utile.

Dans la matinée du 6 août, le maréchal Bazaine avait ses quatre divisions placées de la manière suivante (voir la carte n° 2) : à Sarreguemines était le général Montaudon, à Puttelange le général de Castagny, à Marienthal la division du général Metman, et à Saint-Avold celle du général Decaen[1]. Or, de Marienthal et Saint-Avold à Forbach, il y a une quinzaine de kilomètres ; de Puttelange au même lieu, il y en a seize environ, et de Sarreguemines,

----

1. Bazaine. *L'Armée du Rhin*, p. 26.

dix-sept ou dix-huit[1]. Étaient-ce là des distances telles que le 3ᵉ corps, en partant même tard, à une heure ou deux de l'après-midi, ne pût arriver à temps ? Évidemment non. En quatre heures, quatre heures et demie au plus, la moitié de ces divisions au moins pouvait franchir l'espace qui les séparait de Spickeren et de Frossard. Comment se fait-il donc que ce dernier soit resté seul ? Il y a à cela plusieurs raisons.

La première, c'est la longue incertitude de Bazaine à l'égard du véritable point d'attaque des Prussiens. Pendant une grande partie de la journée, il craignit d'être attaqué lui-même par le rentrant que forme la frontière à la hauteur de Rosbruck. Cette crainte lui fit différer plus qu'il ne convenait l'envoi des secours sollicité par Frossard.

En second lieu, il nous semble que les divisionnaires du 3ᵉ corps manquèrent un peu d'initiative dans cette circonstance, car malgré le bruit de la canonnade, aucun d'eux, sauf le général Castagny, n'osa prendre sur lui de marcher, avant d'en avoir reçu l'ordre de Bazaine[2]. Et quant au général Cas-

---

1. Frossard. *Rapport sur les opérations du 2ᵉ corps*, pp. 57 et 58.

2. Ceci ne s'applique pas au général Decaen, qui se trouvait à Saint-Avold, sous la main même de Bazaine, et qui partant ne pouvait bouger sans ordre exprès.

tagny, s'il se montra plus actif (sa division avait pris les armes dès midi), il n'arriva pas plus vite pour cela. Comme si une fatalité avait pesé sur nous ce jour-là, il s'égara en route, ce qui l'empêcha de toucher à Spickeren en temps utile. On voit donc à quoi doit être attribué l'isolement du second corps.

Les Prussiens mirent beaucoup mieux le temps à profit. Quoique le général de Kamecke eut engagé l'affaire de son propre mouvement, les chefs de corps qui marchaient dans son voisinage ne se crurent pas tenus de le laisser combattre seul. Ils pressèrent le pas, au contraire, en entendant son canon, et vinrent tous successivement se placer derrière les troupes engagées. Il s'ensuivit que la ligne ennemie d'abord inférieure à la nôtre comme nombre, finit par l'égaler, puis même par la surpasser. Tandis qu'au début une seule division prussienne (la 14e) luttait contre trois divisions françaises[1], à la fin trois divisions françaises luttaient contre cinq divisions prussiennes. Dans ces conditions le résultat de la bataille ne pouvait guère être que ce qu'il fut.

Pour expliquer l'immobilité des divisions du corps de Bazaine, on a critiqué souvent cette manière de procéder des généraux prussiens. On a dit

---

1. Il faut remarquer cependant que les divisions prussiennes étaient d'un effectif beaucoup plus fort que les divisions françaises.

qu'elle n'était pas conforme aux règles de l'art, qu'en principe un général en sous-ordre doit se borner strictement à l'exécution de ses instructions. En principe cela est vrai. Mais il est certain que si les Prussiens s'étaient conduits comme nous, ils auraient été battus, tandis qu'ils nous battirent. Cet argument en vaut bien un autre.

Qu'un général en sous-ordre, en se mêlant d'une affaire dans laquelle il n'est pas directement intéressé, puisse déranger parfois les combinaisons du général en chef, cela n'est pas douteux, cela peut arriver. Mais il s'agit de savoir si ces combinaisons ne seront pas troublées également, et même davantage en procédant autrement. Eh bien, on peut affirmer qu'elles ne seront pas seulement dérangées, qu'elles seront anéanties le plus souvent, car dans ce système, les diverses fractions de l'armée n'étant pas en état de se soutenir suffisamment, on perdra à peu près infailliblement la bataille. Or, la bataille perdue que restera-t-il du plan du général en chef? Rien du tout. Quoiqu'on dise donc, le vieux principe qui commande de marcher au canon est le seul vrai, et c'est pour ne pas l'avoir observé que le 6 août 1870, nous fûmes vaincus sur la Sauer comme sur la Sarre[1].

---

1. A Waterloo, la principale cause de notre défaite fut l'absence du corps de Grouchy. Tout le monde le sait. Si le maréchal Grou-

La douleur que ressentit la France entière, à l'annonce de notre double défaite est impossible à dépeindre. Le 6 août était un samedi. Depuis qu'une collision partielle sur les bords de la Lauter avait eu lieu entre les armées française et allemande, on savait que les deux adversaires étaient en présence, et qu'une grande bataille allait se livrer. Quel en serait le résultat? A cette question chacun se taisait, et cherchait à sonder l'avenir. Cependant la division Douai s'était battue si bravement à Wissembourg, que sa mésaventure n'avait diminué en rien notre confiance; on s'attendait partout à une victoire.

La préoccupation extrême, l'anxiété même qui s'était emparée des esprits dès le 5 août, atteignit son comble, lorsque le lendemain 6, des bruits vagues de bataille et de victoire commencèrent à circuler. Le samedi, en effet, de bonne heure, on parlait à peu près partout d'un grand combat dans lequel nous avions fait le prince Frédéric-Charles prisonnier, et pris un grand nombre de canons. Quand ce combat avait-il eu lieu, et en quel endroit s'était-on battu? On ne s'expliquait pas là-dessus. Mais comme on était d'accord sur le résultat, et que

----

chy avait marché au canon, comme le désiraient les soldats, et comme le général Gérard le demandait, l'entrée en ligne de Blücher n'aurait probablement pas sauvé Wellington.

celui-ci réalisait nos vœux les plus ardents, on ne se montrait pas difficile sur les détails.

Ces bruits, comme on le pense bien, avaient eu leur écho à la bourse, où chacun apportait des nouvelles, et allait en chercher. Ici la joie bien naturelle en pareille circonstance, était accrue par l'espoir légitime qu'on avait de voir les fonds publics et les valeurs se relever par l'effet de notre prétendue victoire. Aussi était-elle plus bruyante qu'ailleurs, et se traduisait-elle par les cris de *vive la France, vive l'armée*, et même *vive l'empereur*. Cependant si l'on parcourait les groupes où l'on commentait les nouvelles du jour, si l'on voulait remonter à leur source, on rencontrait bien des personnes qui affirmaient énergiquement nos succès; mais si l'on insistait pour savoir de qui elles tenaient la grande nouvelle, on était forcé de reconnaître que rien n'était encore bien établi; et que toutes les affirmations qu'on recueillait n'étaient que des *on dit*. Le commissaire de la bourse interrogé à son tour disait qu'il n'avait encore rien reçu.

Sur les boulevards, l'animation était extrême aussi. Un grand nombre de drapeaux décoraient les devantures des boutiques, sans que toutefois on fut mieux renseigné là que dans le reste de Paris. La journée se passa ainsi dans des alternatives de crainte et d'espoir. On commençait pourtant à trouver étrange, que si une bataille avait été effectivement gagnée par nous, la dépêche officielle n'en fût pas encore arrivée.

Le dimanche 7 août, le ciel était couvert, et il plut une partie du jour. Cependant ceux que leurs affaires, ou le désir d'obtenir des informations, attiraient dans les rues de la capitale, pouvaient apercevoir aux endroits où les nouvelles de la guerre étaient habituellement publiées, des groupes silencieux qui lisaient une affiche récemment posée, puis se dispersaient. Ce placard ne contenait que quelques lignes; mais elles se passaient de commentaires. On y lisait ceci :

« Metz, *minuit et demi. Le maréchal Mac-Mahon a perdu une bataille; sur la Sarre, le général Frossard a été obligé de se retirer. Cette retraite s'opère en bon ordre. Tout peut se rétablir.* — NAPOLÉON. »

Dire l'angoisse que la lecture de ces trois lignes vous causait, la plume s'y refuse. Décidément, notre armée qui avait bravé les neiges et les boues de la Crimée, le soleil du Mexique, et les vieilles troupes autrichiennes était battue, et au lieu des victoires que nous attendions, c'est l'invasion que nous allions avoir; l'*invasion*, mot funèbre que nous n'avions plus prononcé depuis 1815, et dont on ne connaît bien le sens que dans ces moments douloureux.

PIÈCES ANNEXÉES

PIÈCE N° 1.

—

« Madrid, le 3 juillet 1870,

« *L'Ambassadeur de France à Madrid,*
au Ministre des Affaires étrangères.

« L'affaire Hohenzollern, paraît fort avancée, sinon décidée. Le général Prim lui-même me l'a dit. J'envoie Bartholdi à Paris pour les détails et pour prendre vos ordres.

« *Signé :* MERCIER. »

Cette dépêche, transmise à Paris par voie télégraphique, fut suivie d'une autre beaucoup plus longue, que porta un courrier d'ambassade, et dans laquelle M. Mercier reproduisait, *in extenso*, sa conversation avec le maréchal Prim.

PIÈCE N° 2.

—

Déclaration du 6 juillet.

Messieurs, dit M. de Gramont, je veux répondre à l'interpellation déposée hier. Il est vrai que la couronne d'Espagne a été offerte au prince de Hohenzollern et qu'il l'a acceptée ; mais le peuple espagnol ne s'est pas encore prononcé, et nous ne savons encore quelle sera la conséquence d'une négociation qui nous a été cachée. Nous vous prions d'ajourner le débat. La France n'est pas sortie, à l'égard des divers prétendants au trône d'Espagne, d'une neutralité complète ; elle n'a montré, pour aucun d'eux, ni sympathie ni éloignement. Nous ne croyons pas que le respect dû à l'indépendance des peuples, nous oblige à souffrir qu'une puissance étrangère vienne rompre, au préjudice de la France, l'équilibre européen. S'il en était autrement, nous ferions appel à votre patriotisme, et nous ne prendrions conseil que de l'honneur et des intérêts du pays.

Fort de votre appui et de celui de la nation, le gouvernement saura remplir son devoir sans hésitation et sans faiblesse.

(Journal officiel du 7 juillet 1870.)

PIÈCE   N° 3.

—

La maladie de Napoléon III.

D'après *l'Union médicale* de 1873, N° du 9 janvier.)

... Le 1ᵉʳ juillet 1870, l'Empereur se trouvant très souffrant, une grande consultation eut lieu au Palais des Tuileries.

Les médecins consultants étaient :

M. Nélaton,
M. Ricord,
M. Fauvel,
M. G. Sée,
M. Corvisart.

Par suite de la délibération qui eut lieu entre ces éminents confrères, M. G. Sée fut chargé de la rédaction de la consultation, que M. Conneau fut invité à faire signer par tous les consultants, et à communiquer ensuite à l'Impératrice.

Voici le texte de cette consultation qui fut remise le 3 juillet suivant à M. le docteur Conneau, et sur les derniers paragraphes de laquelle nous appelons toute l'attention de nos lecteurs :

DIAGNOSTIC.

« 1° Hyperesthésies cutanées et musculaires d'origine anémique. Ces hyperesthésies se caractérisent par des douleurs superficielles de la peau des cuisses, douleurs qui s'exaspèrent au moindre toucher, diminuent au contraire par la pression, et reviennent sous les influences les plus variées, particulièrement du froid. Dans les muscles, près des articulations des pieds, on retrouve une grande sensibilité, soit spontanée, soit provoquée, des attaches musculaires, et cette sensibilité sous forme d'élancements, reparaît aussi sous l'influence du froid. Ceci ne prouve pas leur nature rhumatismale ; tout ce qui est provoqué par le froid n'est pas rhumathique. Le malade n'a jamais eu de rhumatisme articulaire, bien que ces douleurs datent déjà de vingt ans, c'est-à-dire d'une époque où il y a eu deux graves causes d'anémie. Ces hyperesthésies nervo-musculaires sont en effet presque toujours dues à l'anémie.

« 2° L'anémie, dont il reste à peine des traces autres que ces douleurs, a été bien plus caractérisée autrefois ; elle était due à une captivité de six ans, c'est-à-dire à une aération insuffisante et aux influences morales.

« Une cause physique est venue s'ajouter à ces diverses causes d'anémie ; c'est un flux hémorrhoï-

dal assez considérable, et surtout presque permanent
pendant six ans.

« Aujourd'hui, l'anémie a presque disparu, il n'y
a pas de souffle dans les vaisseaux ni dans le cœur,
les battements du cœur et les bruits de l'organe sont
faibles, mais parfaitement réguliers ; il n'y a pas de
traces de palpitations, et s'il y a eu des syncopes autrefois, cela prouve qu'il existait encore de l'anémie,
mais pas de maladie de cœur, comme cela aurait eu
lieu dans le rhumatisme.

« 3° Quelques phénomènes goutteux se sont mon-
trés çà et là dans les jointures des pieds, et récemment encore ; mais sans rhumatisme et sans autre
complication intérieure qu'une lésion de la vessie.
Il y a bien de temps à autre du ballonnement du
ventre, quelquefois de la susceptibilité de l'estomac
et des intestins, mais c'est là le fait habituel des
hémorroïdaires.

« Nous concluons donc en disant que les troubles
digestifs, de même que les douleurs périphériques,
sont dues aux hémorroïdes et à l'anémie consécutive ;
mais il reste à interpréter la lésion de la vessie.

« 4° Altération des voies urinaires. Depuis cinq
ans, il y a eu quatre hématuries. A la suite de celle
de 1867, les urines sont restées pendant un an muco-
purulentes, puis elles se sont éclaircies ; et depuis le
mois d'août 1869, où il y a eu des accidents aigus et

graves dans les organes urinaires, les urines ont constamment contenu une certaine quantité de pus, évaluée au minimum à 1/40, et, pendant la période aiguë, à 1/4 ou à 1/3 de la totalité des urines.

« Très souvent aussi, il y a eu de la dysurie, de la lenteur très marquée pour uriner le matin, d'autres fois des interruptions du jet de liquide, et, par moments, il y a eu des difficultés telles qu'il a fallu recourir à la sonde ; c'est ce qui est arrivé à Vichy, il y a trois ans, et au mois d'août 1869. Il est à noter aussi que depuis ce temps, l'équitation et les secousses de la voiture réveillent souvent des douleurs dans les reins, ou dans le bas-ventre, ou dans le fondement. Or, une maladie caractérisée par ces trois phénomènes : 1° hématuries répétées ; 2° urines purulentes depuis près de trois ans, avec des alternatives plus ou moins marquées ; 3° dysurie fréquente caractérisée par le spasme ou par l'inertie de la vessie, ne peut être rapportée qu'à une pyélocystite calculeuse.

« S'il n'y avait eu que les urines purulentes, on aurait pu croire à un simple catarrhe. Si on n'avait pas à tenir compte de ce qui s'est passé au mois d'août 1869, on pourrait penser à un abcès périvésical ouvert dans l'urèthre.

« Mais les hématuries antérieures, mais la persistance de la purulence des urines depuis un an, le retour fréquent de la dysurie, et l'augmentation des douleurs par les secousses, doivent faire songer à une cystite d'origine calculeuse, que ce calcul soit placé et enchatonné dans la vessie, ou qu'il ait eu son siège primitif dans les reins.

« Il y a eu d'ailleurs de temps à autre un excès d'acide urique et d'urates dans les urines.

« C'est pourquoi nous considérons comme nécessaire le cathétérisme de la vessie à titre d'exploration, et nous pensons que le moment est opportun, par cela même qu'il n'y a actuellement aucun phémène aigu.

« Si en effet la dysurie, ou la purulence, ou les douleurs augmentaient ou reparaissaient, on aurait à craindre de provoquer par l'exploration une inflammation aiguë.

« PROFESSEUR G. SÉE.

« *Paris*, 3 *juillet* 1870. »

Cette consultation malgré l'invitation qui en avait été faite à M. le docteur Conneau, ne fut pas présentée à la signature des médecins consultants, et voilà pourquoi elle ne porte que la seule signature de M. le docteur G. Sée, quoique le diagnostic et les conseils qu'elle formule eussent été délibérés, et arrêtés en commun.

Bien plus, cette consultation ne fut pas communiquée à l'Impératrice.

. . . .

. . . .

Mais par sa date du 3 juillet 1870, ce document acquiert une importance historique considérable. N'est-il pas infiniment probable que si cette consultation eût été communiquée à l'impératrice, l'exploration eût eu lieu, l'existence d'un calcul eût été confirmée, l'impératrice eût demandé et obtenu le traitement immédiat, et que la déclaration de guerre faite trois jours après eût été certainement différée, peut-être abandonnée.

Quelle immense responsabilité ont donc assumée ceux qui ont gardé secrète cette consultation, ne l'ont pas communiquée à l'impératrice, ainsi que les médecins consultants l'avaient demandé, et dans un état maladif aussi grave, ont laissé l'empereur s'engager dans une guerre funeste!

A quoi tient le sort des peuples et des empires! *à un grain de sable dans la vessie,* a déjà dit Bossuet.

AMÉDÉE LATOUR.

PIÈCE   N° 4.

—

Voyage de M. de Moltke en Lorraine.

———

« *Ministre de la guerre. — Paris.*

« Forbach, 9 avril 1868, 9 h. 30 matin.

« Depuis lundi je suis le général de Moltke, qui visite la frontière de France et étudie les positions.

« Lundi je l'ai rejoint à Mayence.

« Mardi il s'est arrêté à Birkenfeld, et a pris des notes, sur la hauteur, près du ruisseau du vieux château; il a couché le même jour à Sarrebruck; il y a pris des dispositions de défense à la gare et au canal.

« Hier, il était à Sarrelouis, où il se trouve encore.

« Ce matin, malgré le mauvais temps, il est sorti en voiture pour visiter les hauteurs environnantes de Vaudevange et de Berus.

« Je suppose, d'après les informations, qu'il se

rendra ce soir ou demain à Trèves, et qu'il descendra la Moselle.

« Faut-il continuer à le suivre ?

« Adressez la réponse au bureau télégraphique de Forbach.

« CAPITAINE SAMUEL. »

Réponse.

« Suivez-le.

« *Paris, 1 h. 20.* »

PIÈCE N° 5.

—

Lettre du général **Ducrot** au général **Frossard**.

———

« Mon cher général,

« Je vous envoie le résumé de mes longues et
intéressantes conversations avec M. de D... Je me
suis attaché à rendre scrupuleusement ses pensées,
et ses appréciations. Vous me dites dans votre dernière lettre que vous avez lieu de penser que M. de
D... se laisse quelque peu emporter par sa haine
contre la Prusse... Non, non, ne croyez pas cela.
M. de D... est un homme de soixante-six ans; il a
un jugement trop sûr, une trop grande expérience
des hommes et des choses pour se laisser aveugler
par la passion; mais il a des oreilles pour entendre,
des yeux pour voir, et tout le bon sens nécessaire
pour tirer de justes conclusions de ce qu'il voit et
entend. De plus, il a assez de caractère pour ne pas

se laisser aveugler par la peur, cette détestable con-
seillère qui a fait et fera encore tant de sottises.
Tout ce que je vois et entends moi-même corrobore
trop bien les appréciations de M. de D... pour qu'il
me reste un doute sur l'exactitude de ses renseignements, et la justesse de ses vues.

« Je viens de voir, il y a quelques instants, madame la comtesse de Pourtalès qui arrive de Berlin.
Prussienne par son mari, elle était en admiration
perpétuelle devant tous les actes de M. de Bismarck,
du roi Guillaume et de tous les Prussiens; elle prétendait que rien ne pouvait motiver une guerre entre
la France et la Prusse; que nous étions faits pour
nous entendre et nous aimer. Bref, son langage était
une variante poétique des discours Rouher et des
circulaires La Valette. Or, voilà que cette adorable
comtesse me déclare qu'elle revient de Berlin la
mort dans l'âme, que la guerre est inévitable, qu'elle
ne peut manquer d'éclater au premier jour, que les
Prussiens sont si bien préparés, si habilement dirigés qu'ils sont assurés du succès.

« Eh quoi, lui ai-je dit, vous embouchez la trom-
« pette de Bellone juste au moment où de tous côtés
« on ne parle que des instructions pacifiques de
« nos bons voisins, de la salutaire terreur que nous
« leur inspirons, du désir de Bismarck d'éviter tout
« prétexte de conflit, lorsque nous renvoyons tous
« nos soldats dans leurs foyers, et qu'il est même

« question d'une réduction des cadres, à tel point
« que je m'apprête à aller au premier jour planter
« mes choux en Nivernais. »

« Oh, général, s'est-elle écriée, c'est ce qu'il y a
« d'affreux. Ces gens-là nous trompent indigne-
« ment, et comptent bien nous surprendre désar-
« més... Oui, le mot d'ordre est donné. En public
« on parle de paix, du désir de vivre en bonnes re-
« lations avec nous, mais lorsque, dans l'intimité,
« on cause avec tous ces gens de l'entourage du roi,
« ils prennent un air narquois, vous disent : Est-ce
« que vous croyez à tout cela? ne voyez-vous pas
« que les événements marchent à grands pas, que
« rien désormais ne saurait conjurer le dénoue-
« ment?... Ils se moquent indignement de notre
« gouvernement, de notre armée, de notre garde mo-
« bile, de nos ministres, de l'empereur, de l'impé-
« ratrice, prétendent que la France sera une seconde
« Espagne! Enfin, croiriez-vous que le ministre de
« la maison du roi, M. de Schleinitz, a osé me dire
« qu'avant dix-huit mois notre Alsace serait à la
« Prusse? Et si vous saviez quels énormes prépara-
« tifs se font de tous côtés, avec quelle ardeur ils
« travaillent pour transformer et fusionner les ar-
« mées des Etats récemment annexés, quelle con-
« fiance dans tous les rangs de la société et de l'ar-
« mée... Oh, en vérité, général, je reviens navrée,
« pleine de trouble et de craintes. Oui, j'en suis

« certaine maintenant, rien, non rien ne peut con-
« jurer la guerre. »

« Madame de Pourtalès sera probablement à Com-
piègne dans quelques jours, et par conséquent vous
pourrez avoir le plaisir d'entendre ses doléances et
ses récits effrayants.

« Pour faire pendant au propos de M. de Schleinitz relatif à l'Alsace, je citerai un mot de M. le général de Moltke sur le même sujet. Ce général causait avec un Badois qui occupe une assez haute
position dans son pays. Ce personnage lui assurait
que la population du Grand-Duché était généralement peu sympathique aux Prussiens, et très opposée
aux projets d'annexion. « En vérité, dit M. de
« Moltke, c'est incompréhensible, car ces gens-là
« devraient comprendre que leur avenir est entre
« nos mains, que bientôt nous pourrons leur faire
« ou beaucoup de bien ou beaucoup de mal. Lorsque
« nous serons en mesure de disposer de l'Alsace, et
« cela ne saurait tarder, en la réunissant au Grand-
« Duché de Bade, nous pourrons former une su-
« perbe province comprise entre les Vosges et la
« Forêt-Noire, traversée dans toute sa longueur par
« un beau fleuve, et, à coup sûr aucun pays au
« monde ne se trouvera dans des conditions pa-
« reilles de bien-être et de prospérité. »

« Et vous voulez qu'en présence de pareilles ro-
domontades, de si insolentes prétentions trop hau-

tement affirmées, je reste calme et patient ! En vérité, il ne faudrait plus avoir dans les veines une goutte de vieux sang gaulois…! Je l'avoue donc, je vis dans un état permanent d'exaspération ; j'éprouve la rage que doit ressentir un homme qui, voulant sauver un noyé, rencontre une résistance volontaire, et se sent prêt à sombrer avec celui qu'il veut sauver…

« Vous voyant vous impatienter en lisant ces lignes, je serais tenté de m'écrier comme Thémistocle « frappe mais écoute. »

« Croyez, mon cher général, à l'assurance de mes sentiments affectueux et dévoués.

« GÉNÉRAL A. DUCROT. »

« P. S. — Un mot pour terminer, qui peint assez bien la situation ; il est d'un diplomate fort bien en cour, et certainement en position d'être parfaitement informé : « En vérité, écrivait dernièrement le « prince de M…, l'on dirait que nous marchons « avec des jambes en coton sur des œufs, comme si « nous avions peur de les casser. »

(Papiers et correspondances de la famille impériale.)

PIÈCE   N° 6.

—

Allocution du maréchal de Mac-Mahon aux lieutenants instructeurs de l'École de Saumur (1874).

« ..... Nous avons oublié les traditions de la grande guerre et l'art de manier les grandes masses de cavalerie. Nous les avons oubliées, je puis vous dire comment.

« Dans nos guerres d'Afrique, nos troupes eurent affaire à une cavalerie plus nombreuse que la nôtre, et se servant à merveille de l'arme à feu, de telle sorte que chaque fois que de petits détachements devaient opérer séparément, ils subissaient des pertes parfois considérables. Dès lors, au lieu de nous éclairer au loin, nous avons fait le contraire. La cavalerie se plaçait au milieu d'un carré d'infanterie, d'où elle ne sortait que pour jouer du sabre et frapper un coup décisif.

« Mais il faut revenir aux anciennes traditions. Elles viennent de nous, et c'est en combattant avec nous que les puissances militaires les ont acquises.

« Dans les guerres du premier Empire, Murat et sa cavalerie se lançaient à huit ou dix lieues en avant de l'armée, souvent même à huit ou dix jours de marche.

« Dans la dernière guerre, nous avons toujours été mal éclairés, à peu d'exceptions près, bien que quelques progrès eussent été faits à la suite de la campagne de 1859. »

(D'après le *Moniteur de l'Armée* et le *Journal des Débats* de mai 1874.)

———

PIÈCE   N° 7.

—

« *Général Michel, à Guerre. — Paris.*

« **Belfort, le 21 juillet 1870, 7 h. 30 matin.**

« Suis arrivé à Belfort ; pas trouvé ma brigade ; pas trouvé général de division. Que dois-je faire ? Sais pas où sont mes régiments. »

———

PIÈCE Nᵒ 8.

—

« *Le Major-général, à général Douay,
commandant 7ᵉ corps.*

« **Belfort, 27 juillet 1870.**

« Où en êtes-vous de votre formation ? Où sont
vos divisions ? L'Empereur vous commande de hâter
cette formation pour rejoindre au plus vite Mac-
Mahon dans le Bas-Rhin. »

—

PIÈCE Nᵒ 9.

—

« *Intendant-général, à Blondeau, Directeur
administration, Guerre. — Paris.*

« **Metz, le 20 juillet 1870, 9 h. 50 matin.**

« Il n'y a à Metz ni sucre, ni café, ni riz, ni eau-
de-vie, ni sel, peu de lard et de biscuit. Envoyez
d'urgence au moins un million de rations sur Thionville. »

—

PIÈCE N° 10.

—

« *Général commandant 4ᵉ corps, au Major-
général. — Paris.*

« Thionville, le 24 juillet 1870, 9 h. 12 matin.

« Le 4ᵉ repos n'a encore ni cantines, ni ambulances, ni voitures d'équipages pour les corps et les
états-majors. Tout est complètement dégarni. »

—

PIÈCE N° 11.

—

« *Intendant 3ᵉ corps, à Guerre. — Paris.*

« Metz, le 24 juillet 1870, 7 heures soir.

« Le 3ᵉ corps quitte Metz demain. Je n'ai ni infirmiers, ni ouvriers d'administration, ni caissons
d'ambulance, ni fours de campagne, ni train, ni
instruments de pesage, et, à la 4ᵉ division et à la
division de cavalerie, je n'ai pas même un fonction-
naire. Je prie Votre Excellence de me tirer de l'embarras où je suis, le grand quartier général ne pouvant me venir en aide, bien qu'il y ait plus de dix
fonctionnaires. »

PIÈCE N° 12.

—

« *Intendant-chef, à Guerre. — Paris.*

« Metz, le 26 juillet 1870, 8 h. 47 soir.

« Par suite du manque absolu de boulangers et de l'impossibilité d'en trouver dans la classe civile, malgré les marchés passés pour fournitures à la ration, les nombreuses troupes en dehors de Metz sont obligées, pour vivre, de consommer le biscuit qui devait servir de réserve, et qui n'arrive pas d'ailleurs dans une proportion suffisante. Il n'est arrivé, avec les 120,000 hommes de l'armée, que 38 nouveaux boulangers. »

PIÈCE N° 13.

—

« *Au général Dejean, Ministre de la guerre. — Paris.*

« Saint-Cloud, le 26 juillet 1870, 6 h. 45 soir.

« Je vois qu'il manque des biscuits et du pain à l'armée.

« Ne pourrait-on pas faire cuire le pain à la manutention, à Paris, et l'envoyer à Metz ?

« NAPOLÉON. »

PIÈCE N° 14.

—

« *Intendant du* 1er *corps, à Guerre. — Paris.*

« Strasbourg, le 28 juillet 1870, 7 h. 35 matin.

« Le 1er corps doit se porter en avant. Je n'ai
encore reçu ni un soldat du train, ni un ouvrier
d'administration. Il est indispensable que ces
moyens m'arrivent sans aucun retard. MM. les sous-
intendants Geil, Brugère et Fages ne sont pas encore
arrivés. »

—

PIÈCE N° 15.

—

« *Major-général, à Guerre. — Paris.*

« Metz, le 29 juillet 1870, 5 h. 36 matin.

« Je manque de biscuit pour marcher en avant.
Dirigez sans retard sur Strasbourg tout ce que vous
avez dans les places de l'intérieur. »

PIÈCE N° 16.

—

Déclaration de guerre.

———

« En exécution des ordres qu'il a reçus de son gouvernement, le chargé d'affaires, soussigné, de la France a l'honneur de porter à la connaissance de Son Excellence le Ministre des affaires étrangères de Sa Majesté le Roi de Prusse, la communication suivante :

« Le Gouvernement de Sa Majesté l'Empereur des Français, ne pouvant considérer le dessein d'élever un prince prussien au trône d'Espagne que comme une entreprise dirigée contre la sûreté territoriale de la France, s'est vu dans la nécessité de demander à Sa Majesté le Roi de Prusse l'assurance qu'une telle combinaison ne pourrait se réaliser de son consentement. Sa Majesté le Roi de Prusse a refusé de donner cette assurance, et a affirmé au contraire à l'ambassadeur de Sa Majesté l'Empereur, qu'il se réservait pour cette éventualité, comme pour toute autre, la possibilité de prendre conseil des cir-

constances. Le gouvernement impérial a dû voir
dans cette déclaration du roi, des arrières-pensées
menaçantes pour la France et pour l'équilibre général de l'Europe. Un second fait a donné plus de gravité encore à cette déclaration. C'est l'annonce faite
à tous les cabinets du refus de recevoir l'ambassadeur de l'Empereur, et d'entrer dans de nouveaux
pourparlers avec lui. En conséquence, le gouvernement français a cru de son devoir de veiller à la
défense immédiate de son honneur et de ses intérêts
lésés, et de prendre toutes les mesures exigées par la
situation : Dès maintenant il se considère en état de
guerre avec la Prusse.

« *Signé :* LE SOURD. »

(Le *Temps* du **24** juillet 1870.)

PIÈCE   N° 17.

—

Rapport militaire du colonel Stoffel.

————

« . . . . . La Prusse est assez clairvoyante pour reconnaître que la guerre éclatera infailliblement, et elle fait tous ses efforts, pour ne pas être prise au dépourvu le jour où l'incident fatal éclatera.   .   .

.   .   .   .

.   .   .   .

« J'ai déjà fait connaître mon opinion au sujet des chances de conflit, en disant que la guerre éclaterait infailliblement un jour ou l'autre ; je ne saurais donc m'étonner de la voir partagée ici (à Berlin) par tant de monde, et, comme tout homme qui aime son pays, je ne puis que m'attrister de la clairvoyance de nos futurs ennemis.

« La Prusse, ai-je dit, se regarde comme appelée à remplir une mission, celle de faire l'unité germanique, et elle a la ferme volonté de s'y consacrer. Elle n'ignore pas d'ailleurs que ce projet ne peut laisser la France indifférente, que ses succès de 1866 ont éveillé les susceptibilités de son ancienne ennemie, et que les sentiments de méfiance réciproque ont atteint de telles proportions, que la rupture peut naître du moindre incident. Et comme cette nation est sérieuse et vigilante, elle veille soigneusement à ne pas se laisser surprendre le jour où le conflit se produira, tout comme elle est résolue à accepter la lutte avec tous les moyens dont elle dispose. De là ce redoublement d'activité militaire dans toute la Prusse ; de là cette hâte à s'assimiler le plus tôt possible ses trois nouveaux corps d'armée et celui de la Saxe, en y introduisant son organisation, ses règlements et son armement ; de là ces dépenses, ces améliorations de toute sorte, fruits de l'expérience acquise dans la guerre de 1866 ; de là ces essais coûteux et de toute nature ; de là ces dépenses et ces efforts considérables pour se créer une puissante marine.

« Il faut nous le tenir pour dit, nous ne surprendrons pas la Prusse. Son organisation militaire qui lui permet de concentrer sur nos frontières en 20 ou 21 jours, plusieurs armées de 100,000 hommes chacune ; la vigilance du gouvernement qui préside à ses destinées ; sa croyance dans la probabilité d'une lutte suprême contre la France, sont autant de raisons pour que nous la trouvions toute préparée à l'heure où éclatera le fatal conflit. »

(Rapport du 12 août 1869.)

PIÈCE N° 18.

Rapport du maréchal de Mac-Mahon sur la bataille de Frœschwiller.

« Saverne, le 7 août 1870.

« J'ai l'honneur de rendre compte à Votre Majesté que le 6 août, après avoir été obligé d'évacuer la ville de Wissembourg, le 1er corps, dans le but de couvrir le chemin de fer de Strasbourg à Bitche, et les voies de communication principales qui relient le revers oriental au revers occidental des Vosges, occupait les positions suivantes :

« La 1re division était placée la droite en avant de Frœschwiller, la gauche dans la direction de Reichsoffen, appuyée à un bois qui couvre ce village ; elle détachait deux compagnies à Neehwiller et une à Jœgersthal ;

« La 3e division occupait, avec sa 1re brigade, un contrefort qui se détache de Frœschwiller et se termine en pointe vers Gœrsdorff ; la 2e brigade appuyait sa gauche à Frœschwiller et sa droite au village d'Elsasshausen ;

« La 4e division formait une ligne brisée à la droite de la 3e division, sa 1re brigade faisant face à Gunstett, et sa 2e vis-à-vis du village de Morsbronn, qu'elle n'avait pu occuper faute de forces suffisantes. La division Dumesnil du 7ᵉ corps, qui m'avait rallié le 6 de grand matin, était placée en arrière de la 4ᵉ division.

« En réserve se trouvait la 2ᵉ division, placée derrière la 2ᵉ brigade de la 3ᵉ division et la 1ʳᵉ brigade de la 4ᵉ. Enfin, plus en arrière, se trouvait la brigade de cavalerie légère, sous les ordres du général de Septeuil, et la division de cuirassiers du général de Bonnemains; la brigade de cavalerie Michel, sous les ordres du général Duhesme, était établie en arrière de la 4ᵉ division.

« A sept heures du matin, l'ennemi se présenta en avant des hauteurs de Gœrsdorf, et engagea l'action par une canonnade bientôt suivie d'un feu de tirailleurs assez vif contre la 1ʳᵉ et la 3ᵉ division. Cette attaque fut assez prononcée pour obliger la 1ʳᵉ division à faire un changement de front en avant de son aile gauche, afin d'empêcher l'ennemi de tourner la position générale. Un peu plus tard, l'ennemi augmenta considérablement le nombre de ses batteries et ouvrit le feu sur les positions que nous occupions sur la droite de la Sauerbach. Bien que plus sérieuse et plus fortement accentuée que la première, qui se continuait d'ailleurs, cette seconde démonstration n'était qu'une fausse attaque qui fut vivement repoussée.

« Vers midi, l'ennemi prononça son attaque vers

notre droite. Des nuées de tirailleurs, appuyées par des masses considérables d'infanterie, et protégées par plus de 60 pièces de canon placées sur les hauteurs de Gunstett, s'élancèrent sur la 4ᵉ division et sur la 2ᵉ brigade qui occupait le village d'Elsasshausen.

« Malgré de vigoureux retours offensifs plusieurs fois répétés, malgré les feux très bien dirigés de l'artillerie, et plusieurs charges brillantes de cuirassiers, notre droite fut débordée après plusieurs heures d'une résistance opiniâtre. Il était quatre heures. J'ordonnai la retraite. Elle fut protégée par les 1ʳᵉ et 3ᵉ divisions, qui firent bonne contenance et permirent aux autres troupes de se retirer sans être trop vivement inquiétées. La retraite s'effectua sur Saverne par Niederbronn, où la division Guyot de Lespart, du 5ᵉ corps, qui venait d'y arriver, prit position, et ne se retira qu'à la nuit close.

« J'adresse sous ce pli à Votre Majesté, les noms des officiers, blessés, tués ou disparus. Cette liste est incomplète, et je vous l'enverrai dès qu'elle m'aura été fournie en entier.

« Veuillez agréer, etc.

« *Signé :* MARÉCHAL DE MAC-MAHON. »

(D'après le *Moniteur universel* du 13 août 1870, qui l'a empruntée lui-même au *Vœu national de Metz*.)

Composition du 1er corps (Maréchal de Mac-Mahon).

Division Ducrot (1re).

BRIGADE WOLF. . . . .
{ 13e bataillon de chasseurs.
18e régiment de ligne.
96e régiment de ligne.

BRIGADE DU HOULBEC. .
{ 45e régiment de ligne.
1er régiment de zouaves.

3 batteries du 9e régiment d'artillerie.
1 compagnie du 1er régiment du génie.

Division Abel Douay (2e).

BRIGADE MONTMARIE.. .
{ 16e bataillon de chasseurs.
50e régiment de ligne.
74e régiment de ligne.

BRIGADE PELLÉ.. . . . .
{ 78e régiment de ligne.
1er régiment de tirailleurs algériens.

3 batteries du 9e régiment d'artillerie.
1 compagnie du 1er régiment du génie.

Division Raoult (3e).

BRIGADE L'HÉRILLIER. .
{ 8e bataillon de chasseurs.
36e régiment de ligne.
2e régiment de zouaves.

BRIGADE LEFEBVRE. . .
{ 48e régiment de ligne.
2e régiment de tirailleurs algériens.

3 batteries du 12e régiment d'artillerie.
1 compagnie du 1er régiment du génie.

Division Lartigues (4e).

BRIGADE FRABOULET. . .
{ 1er bataillon de chasseurs.
56e régiment de ligne.
3e régiment de zouaves.

BRIGADE LACRETELLE. . .
{ 87e régiment de ligne.
3e régiment de tirailleurs algériens.

3 batteries du 12e régiment d'artillerie.
1 compagnie du 1er régiment du génie.

CAVALERIE

Division Duhesme.

BRIGADE SEPTEUIL . . .
{ 3e régiment de hussards.
11e régiment de chasseurs.

BRIGADE NANSOUTY. . .
{ 2e régiment de lanciers.
6e régiment de lanciers.

BRIGADE MICHEL . . . .
{ 8e régiment de cuirassiers.
9e régiment de cuirassiers.

RÉSERVE D'ARTILLERIE

2 batteries du 6e régiment d'artillerie.
2 batteries du 9e régiment d'artillerie.
4 batteries du 20e régiment d'artillerie.

RÉSERVE DE CAVALERIE

Division Bonnemains.

BRIGADE GIRARD. . . . .
{ 1er régiment de cuirassiers.
4e régiment de cuirassiers.

BRIGADE BRAUER.. . . .
{ 2e régiment de cuirassiers.
3e régiment de cuirassiers.

RÉSERVE DU GÉNIE

1 demi-compagnie du 1er régiment du génie.

Division Conseil-Dumesnil (7e corps).

BRIGADE NICOLAÏ . . . .
{ 17e bataillon de chasseurs.
3e régiment de ligne.
21e régiment de ligne.

BRIGADE MAIRE . . . .
{ 47e régiment de ligne.
99e régiment de ligne.

3 batteries du 7e régiment d'artillerie.
1 compagnie du 2e régiment du génie.

Composition du 2ᵉ corps (Général Frossard).

Division Verge (1ʳᵉ).

BRIGADE VALAZÉ. . . . .
- 3ᵉ bataillon de chasseurs.
- 32ᵉ régiment de ligne.
- 55ᵉ régiment de ligne.

BRIGADE JOLLIVET. . . .
- 76ᵉ régiment de ligne.
- 77ᵉ régiment de ligne.

3 batteries du 5ᵉ régiment d'artillerie.
1 compagnie du 3ᵉ régiment du génie.

Division Bataille (2ᵉ).

BRIGADE POUGET. . . . .
- 12ᵉ bataillon de chasseurs.
- 8ᵉ régiment de ligne.
- 23ᵉ régiment de ligne.

BRIGADE BASTOUL. . . .
- 66ᵉ régiment de ligne.
- 67ᵉ régiment de ligne.

3 batteries du 5ᵉ régiment d'artillerie.
1 compagnie du 3ᵉ régiment du génie.

Division Laveaucoupet (3ᵉ).

BRIGADE DOËNS.. . . . .
- 10ᵉ bataillon de chasseurs.
- 2ᵉ régiment de ligne.
- 63ᵉ régiment de ligne.

BRIGADE MICHELER.. . . .
- 24ᵉ régiment de ligne.
- 40ᵉ régiment de ligne.

3 batteries du 15ᵉ régiment d'artillerie.
1 compagnie du 3ᵉ régiment du génie.

CAVALERIE

Division Valabrègue.

BRIGADE VALABRÈGUE. . .
- 4ᵉ régiment de chasseurs.
- 5ᵉ régiment de chasseurs.

BRIGADE BACHELIER. . . .
- 7ᵉ régiment de dragons.
- 12ᵉ régiment de dragons.

RÉSERVE D'ARTILLERIE

2 batteries du 5ᵉ régiment d'artillerie.
2 batteries du 15ᵉ régiment d'artillerie.
2 batteries du 17ᵉ régiment d'artillerie.

RÉSERVE DU GÉNIE

2 compagnies du 2ᵉ régiment du génie.
1 détachement du 1ᵉʳ régiment du génie.

TABLE DES MATIÈRES

CARTES

Imprimerie du *Spectateur militaire.*
Paris. — H. Noirot, imprimeur, 22, rue de l'Abbaye.

Batailles sur la Lauter, la Sauer et la Sarre

Carte N° 1

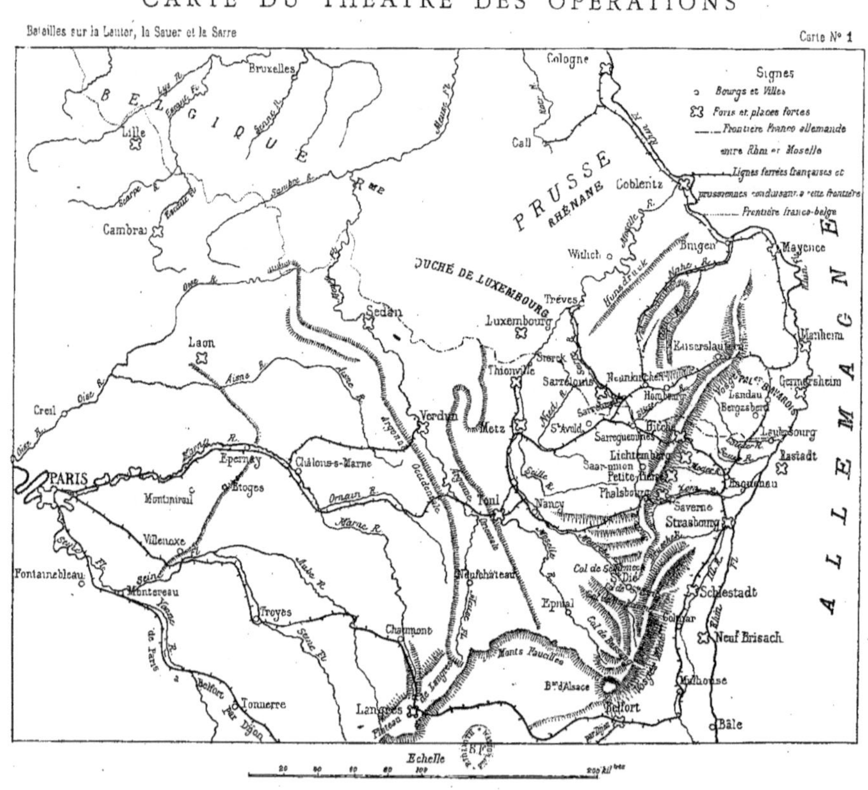

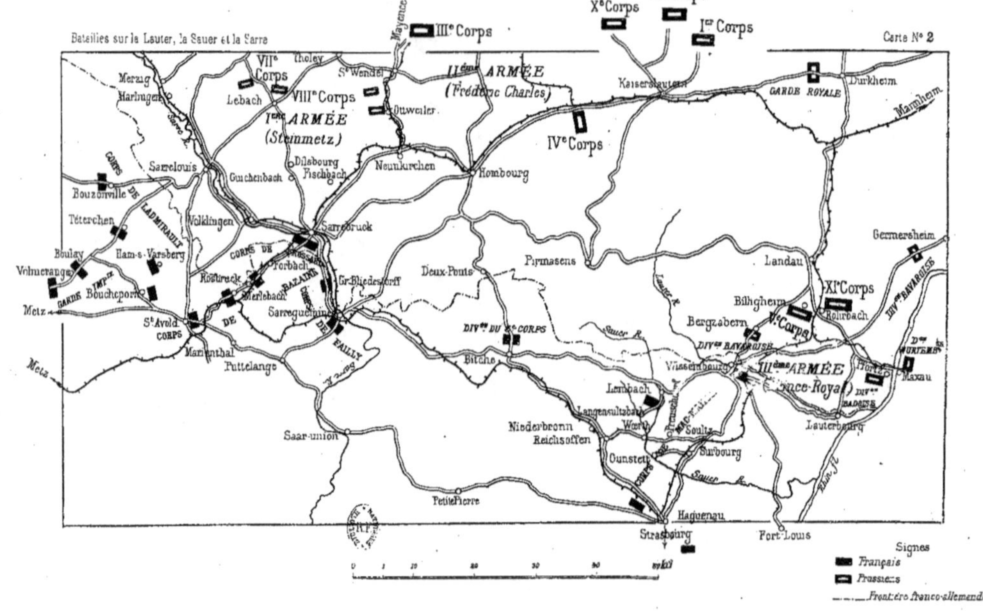

POSITIONS DES ARMÉES BELLIGÉRANTES

La veille de l'ouverture des hostilités (3 Août 1870)

COMBAT DE WISSEMBOURG

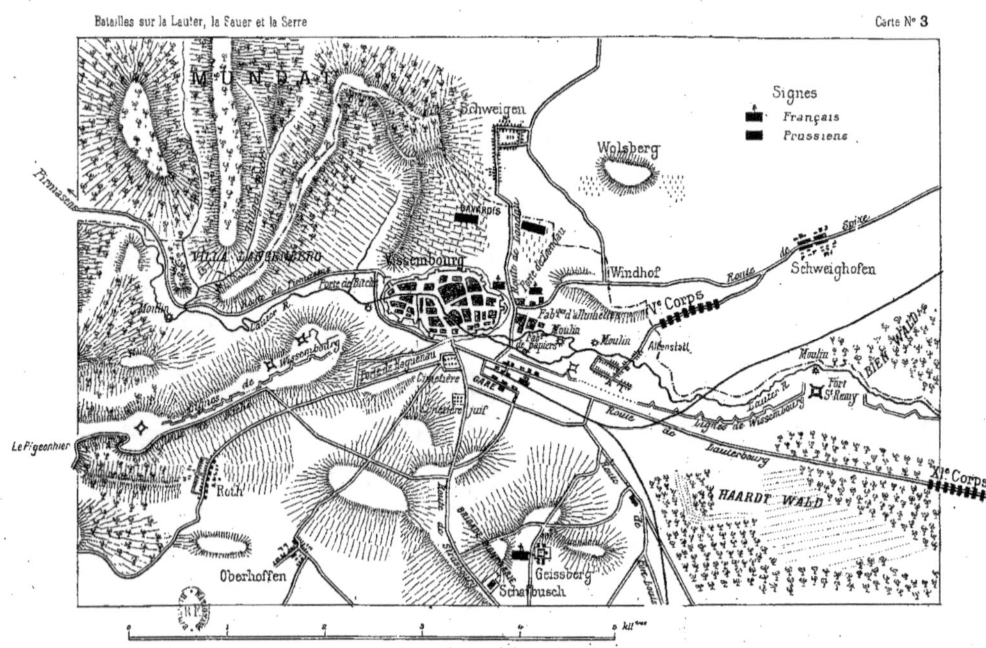

BATAILLE DE REICHSOFFEN

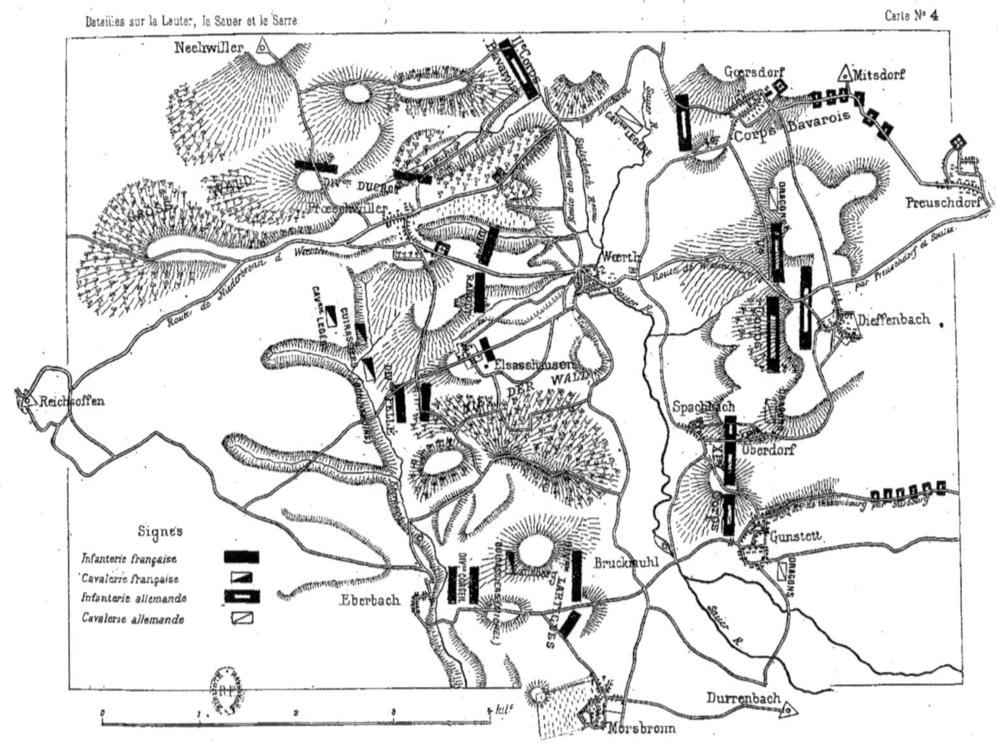

BATAILLE DE FORBACH

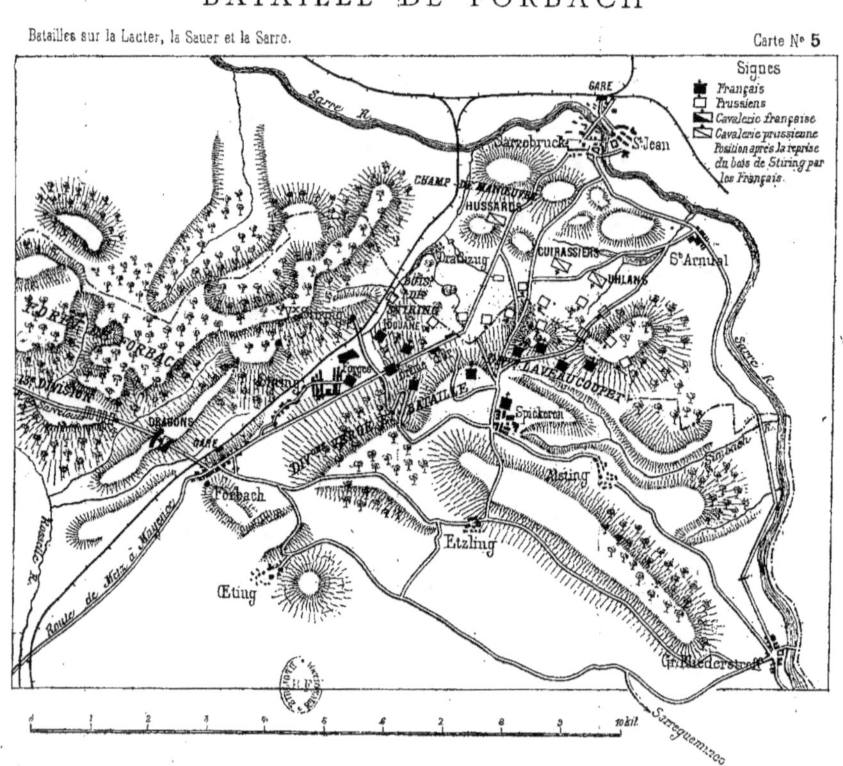